国家"十三五"少数民族语言文字出版规划项目

民族文字出版专项资金资助项目

编委会

贵州国家级珍贵民族古籍译注丛书

水书

六十甲子卷

三都水族自治县水书抢救暨水书申报世界记忆遗产办公室　译注

三都水族自治县档案馆　编

贵州出版集团
贵州民族出版社

图书在版编目（CIP）数据

水书.六十甲子卷：水汉对照/三都水族自治县档案馆编；三都水族自治县水书抢救暨水书申报世界记忆遗产办公室译注. -- 贵阳：贵州民族出版社，2021.11
（贵州国家级珍贵民族古籍译注丛书）
ISBN 978-7-5412-2637-3

Ⅰ.①水… Ⅱ.①三… ②三… Ⅲ.①水书－古籍－汇编－水语、汉语 Ⅳ.①K286.9

中国版本图书馆CIP数据核字(2021)第112648号

贵州国家级珍贵民族古籍译注丛书

水书·六十甲子卷

三都水族自治县档案馆　编

三都水族自治县水书抢救暨水书申报世界记忆遗产办公室　译注

_____

出版发行　贵州民族出版社
地　　址　贵阳市观山湖区会展东路贵州出版集团大楼
邮　　编　550081
印　　刷　重庆新金雅迪艺术印刷有限公司
开　　本　787mm×1092mm　1/16
字　　数　250 千字
印　　张　15.75
版　　次　2021 年 11 月第 1 版
印　　次　2021 年 11 月第 1 次
书　　号　ISBN 978-7-5412-2637-3
定　　价　126.00 元

前　言

在我国55个少数民族中，水族至今不仅有自己的民族习俗、民族服饰、民族语言等重要的民族特征，还有自己的文字，水语称"泐睢"，其包含象形字、会意字、图案文字等。用水族文字书写而成的水书典籍主要运用于水族生活中祭祀、丧葬、婚嫁、营造等方面的择吉、从善活动。

从1986年起，三都水族自治县就把水书的保护和抢救列入民族文字档案管理工作，组织相关人员到水族地区走访民间水书先生，开展水书相关内容的调查，掌握第一手资料，并向上级档案部门做专题报告。1987年，国家档案局拨给三都水族自治县档案局（馆）专项经费，用于水书的征集抢救工作，开创了水书抢救与保护工作的先河。1995年，世界档案大会在北京召开，三都水族自治县档案局（馆）与贵州省档案局（馆）、贵州电视台联合在三都拍摄水书专题片《没有句号的档案》参会。该专题片在大会期间进行宣传播放，水书得到了国内外专家学者的关注。2002年3月，"水书文献"被国家档案局、中央档案馆列入首批《中国档案文献遗产名录》。2006年6月，"水书习俗"被列入第一批《国家级非物质文化遗产名录》。截止2020年底，在三都水族自治县档案馆收藏的水书中，有28册列入《国家珍贵古籍名录》。2017年以来，根据《黔南布依族苗族自治州水书申报世界记忆遗产名录工作方案》相关要求，我们陆续对已列入《国家珍贵古籍名录》的水书进行译注出版，形成系列丛书，《水书·六十甲子卷》是其中卷本之一。

《水书·六十甲子卷》是水书师运用水书基本理论及阴阳五行规律推算

出来的关于日期吉凶宜忌的集子，另摘抄汇集了大部分常用择吉水书的重点和要点，以年为单位概列出常用的重要吉日和应该避开的凶日。该书编排起于甲子年，终于癸亥年，故得书名为《水书·六十甲子卷》。《水书·六十甲子卷》在水书里属于实用型综合备要卷本，主要用于丧事、择吉活动，也可以辩证地用于嫁娶、起造等其他习俗活动。

本书原著有别于一般的水书卷本，在编排上不设条目。全书正文共有六十页，每页以年为单位，文字做鱼骨状列表编排。中间的"脊柱"纪年，标明此年内最重要最通用的吉日、吉时、吉方，水书里通常称为"最干净"的日、时、方，都是吉利的，一般情况下都没有禁忌；两旁的"肋骨"部分列出此年内吉凶宜忌之日、时、方，以供辩证使用，不能生搬硬套。书中所纪之年、月、日使用的是水族历法，同时辅以七元历制（六十日为一元）。

原著抄写于清朝光绪年间，此后不断补充。每页夹杂于"肋骨"中的小字是抄写者或是后来使用者补充的内容，是对原书的发展或者是辩证使用的脚注。我们在翻译时，只对原著中的主干部分，即对"脊柱"和"肋骨"部分进行注译。

水书卷本一般都以提纲式的条目或者列表式竖排抄写，为方便读者阅读和识别，在译注时采用水汉对照的方法，将原来竖排或斜排的原文字符剪切后重新进行横排，以三都水族自治县三洞地区水语方言为标准给字符加注国际音标，然后对照直译，最后对句子进行意译和注释。

本书的译注主要以三都水族自治县都江镇羊瓮村杨胜昭的解读为主，同时吸收其他地区多位水书师的解读内容。本书由杨胜昭、潘中西牵头负责译注，陆廷志、韦见、韦家强、潘秀业、潘必良等水书师指导，潘政波负责字符剪辑和国际音标注音，韦绍武、韦锦诗、韦世方等多次修改完善。本书付梓之际，对他们的辛勤付出深表谢意！

目录

水书 六十甲子卷

水书

六十甲子卷

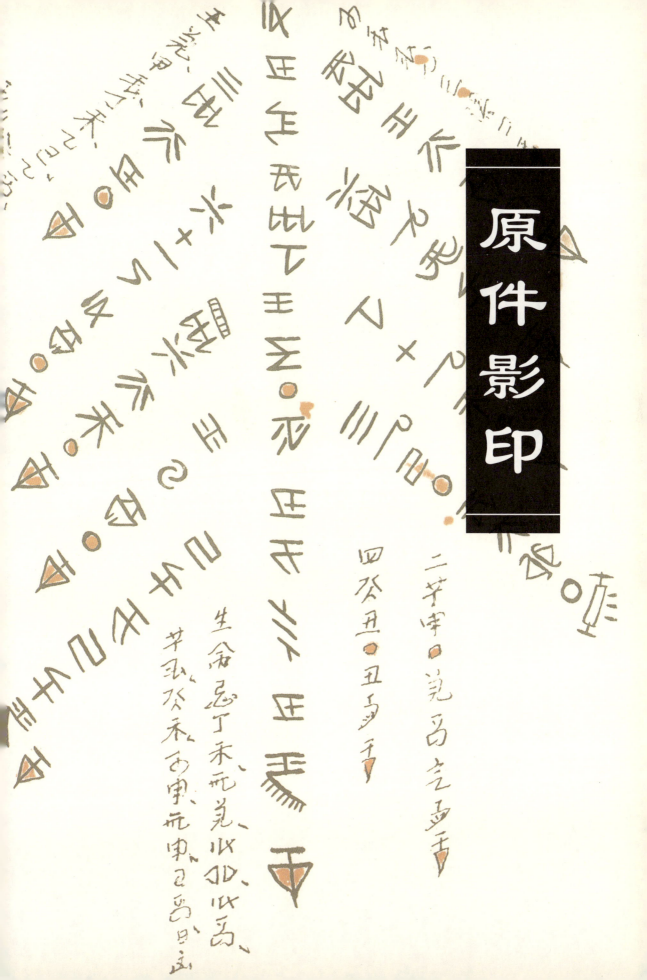

原件影印

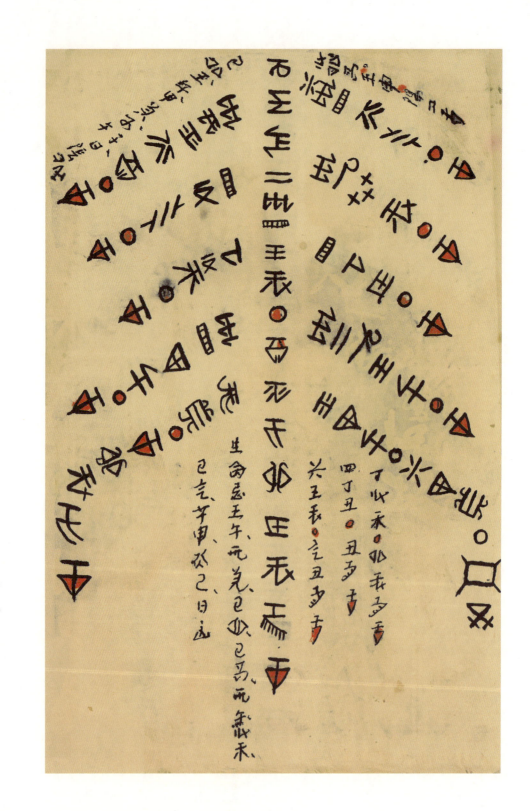

水书

六十甲子卷

4

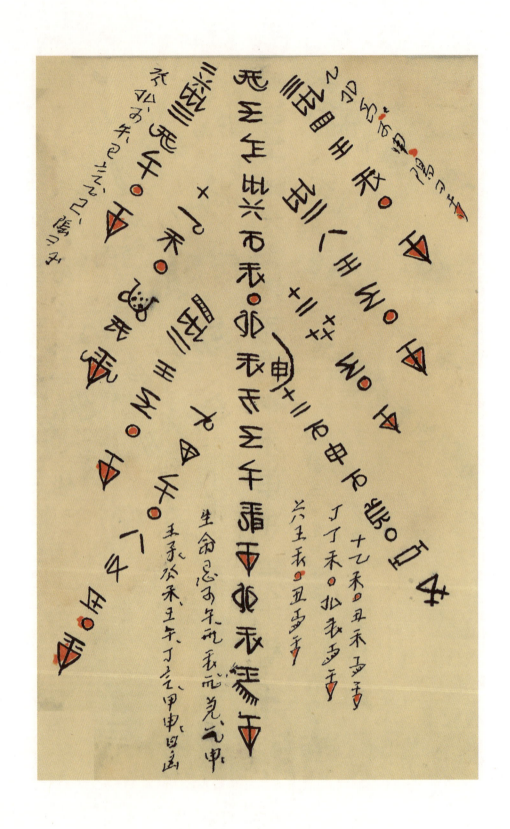

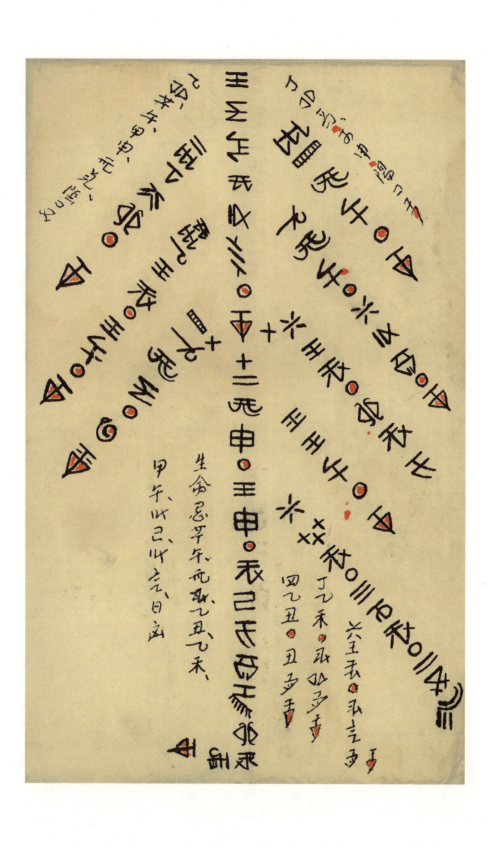

水书
六十甲子卷

7

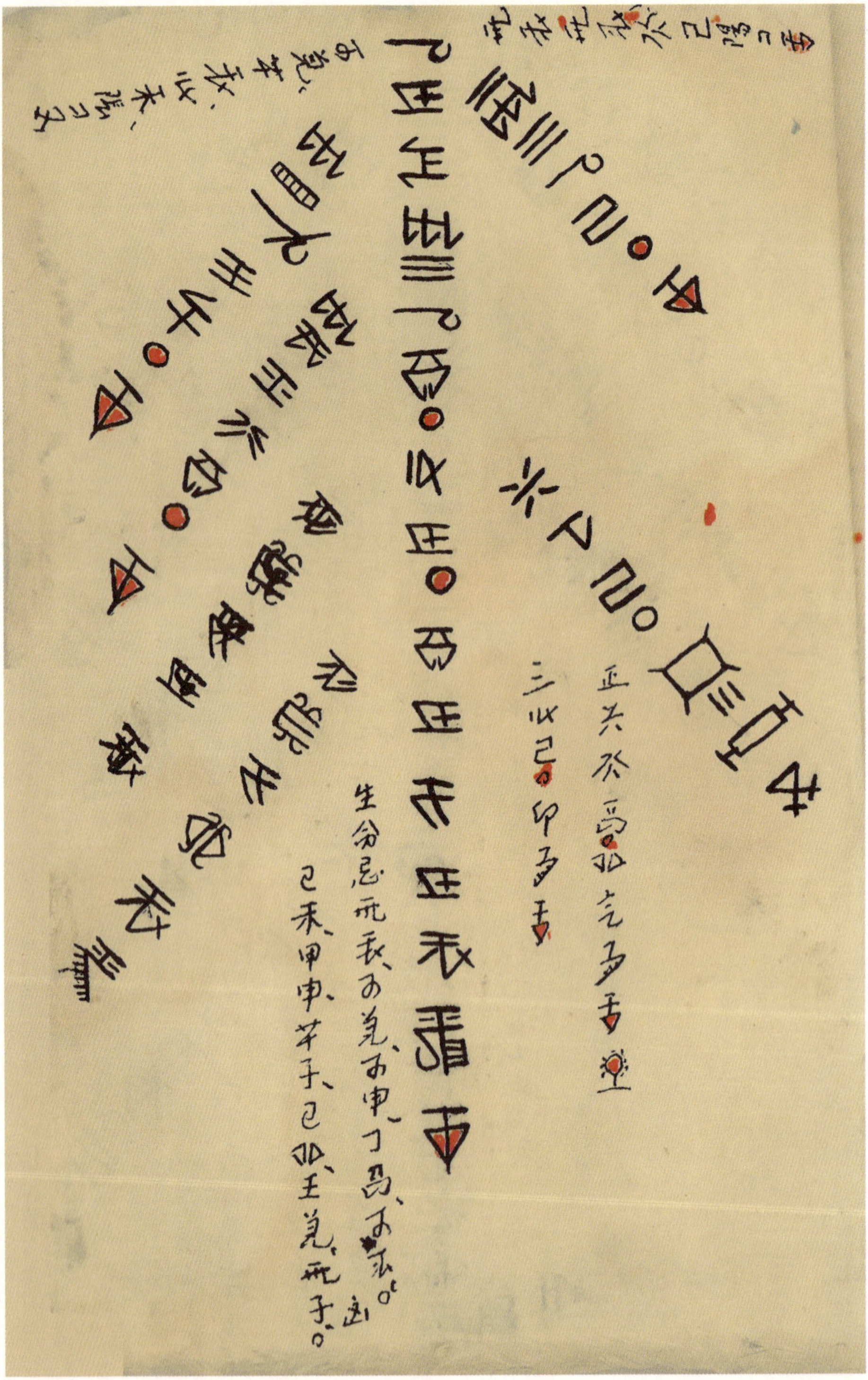

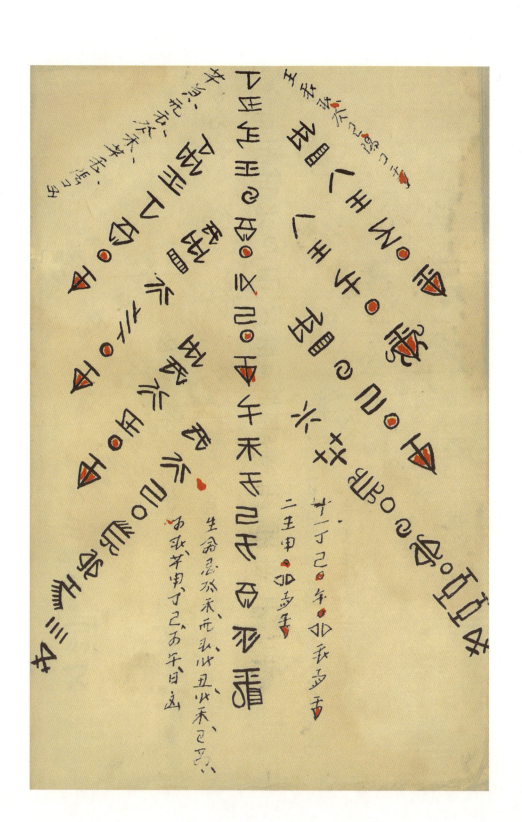

水书

六十甲子卷

9

水书

六十甲子卷

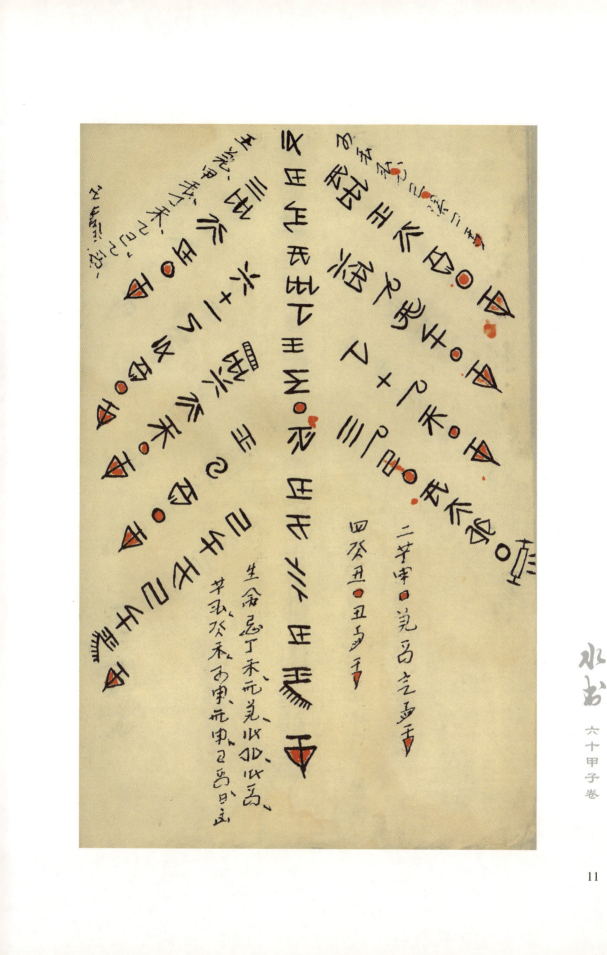

水书 六十甲子卷

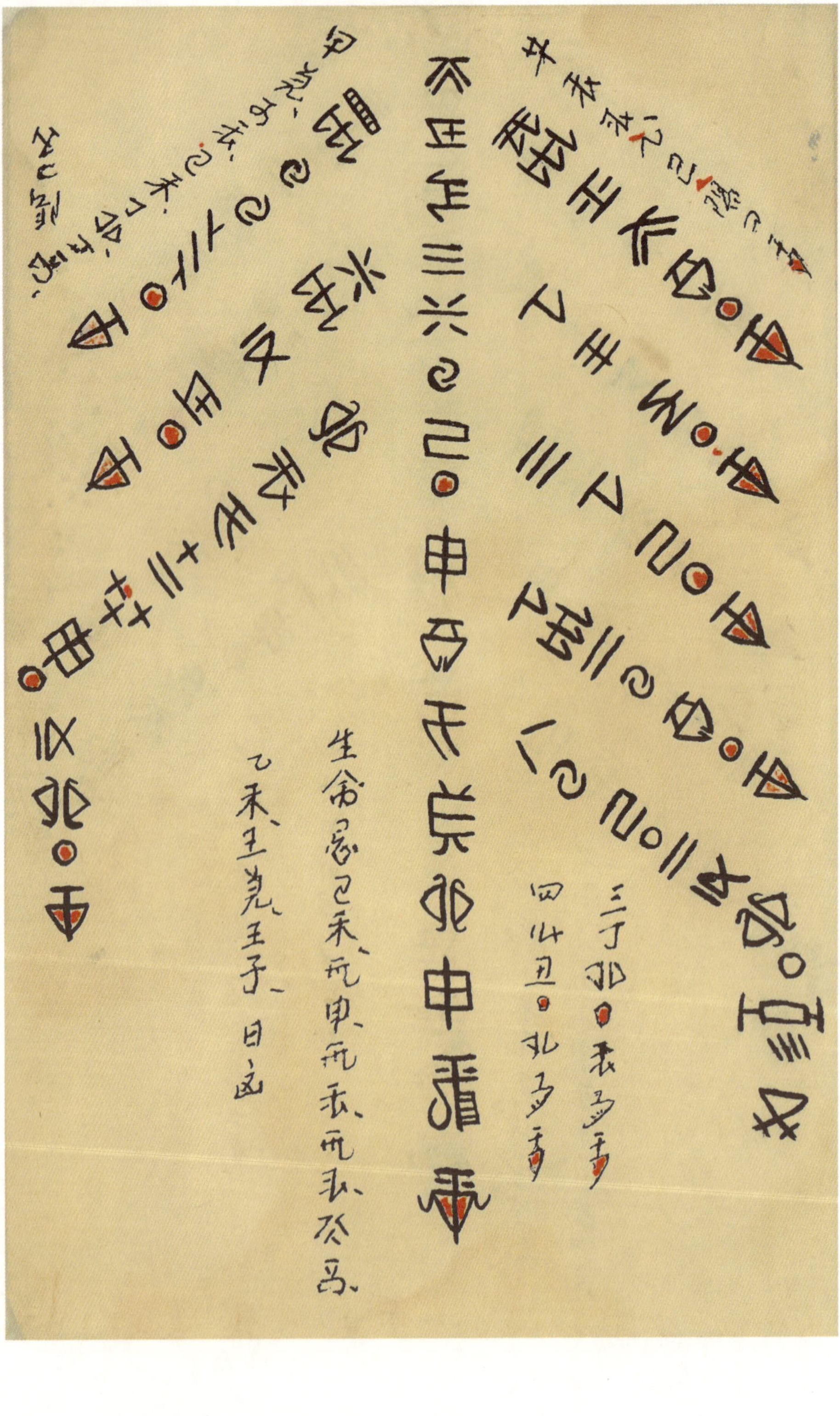

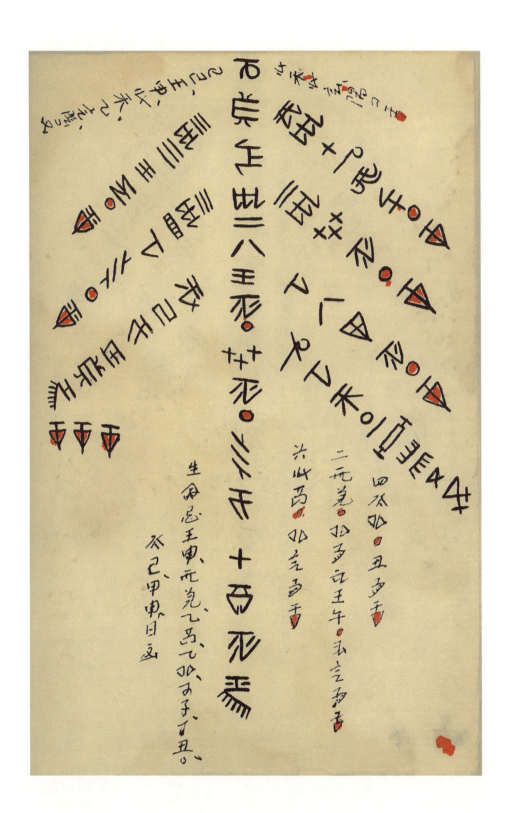

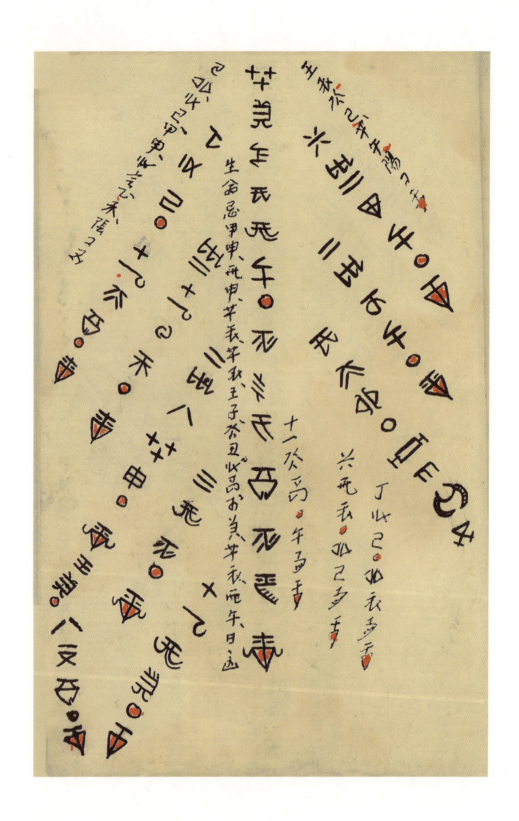

水书

六十甲子卷

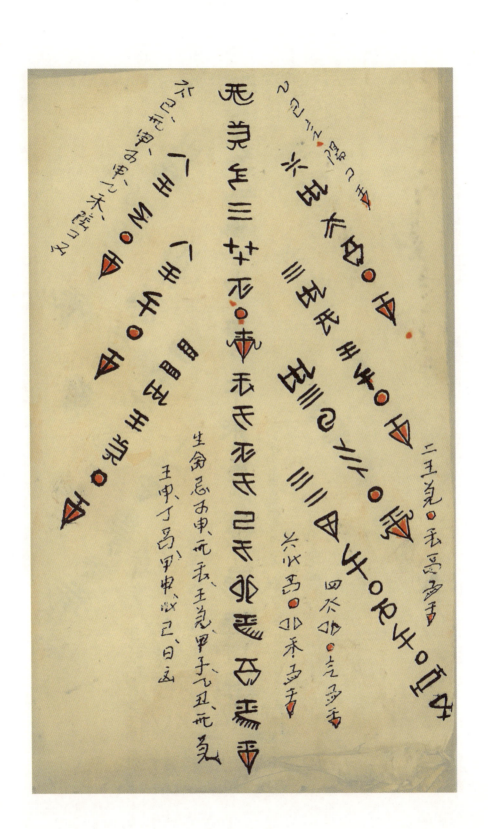

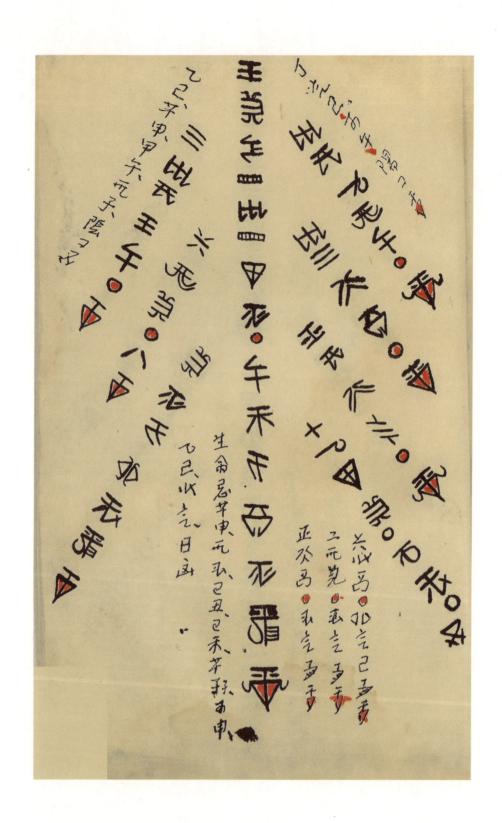

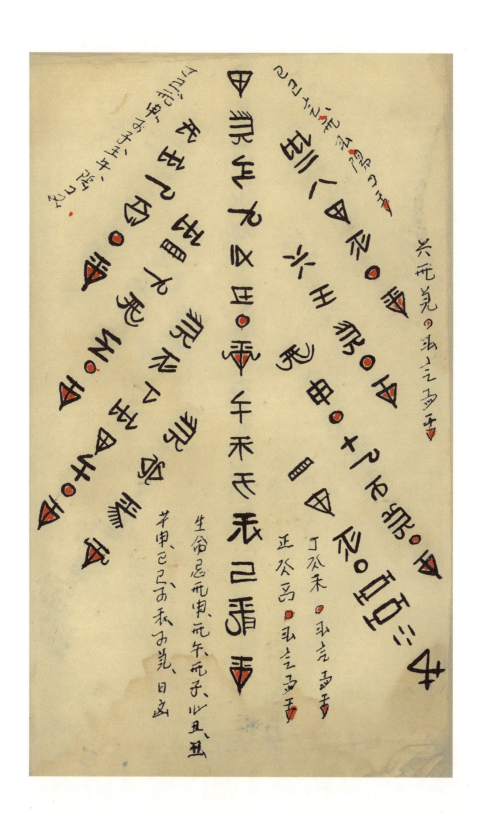

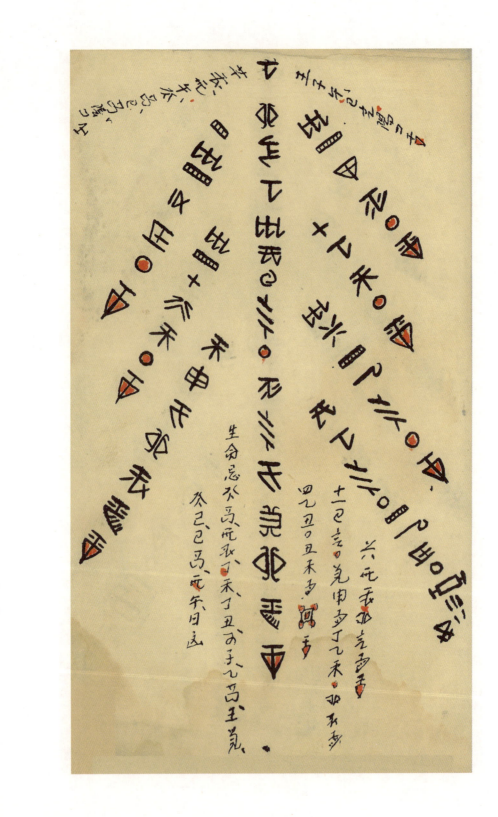

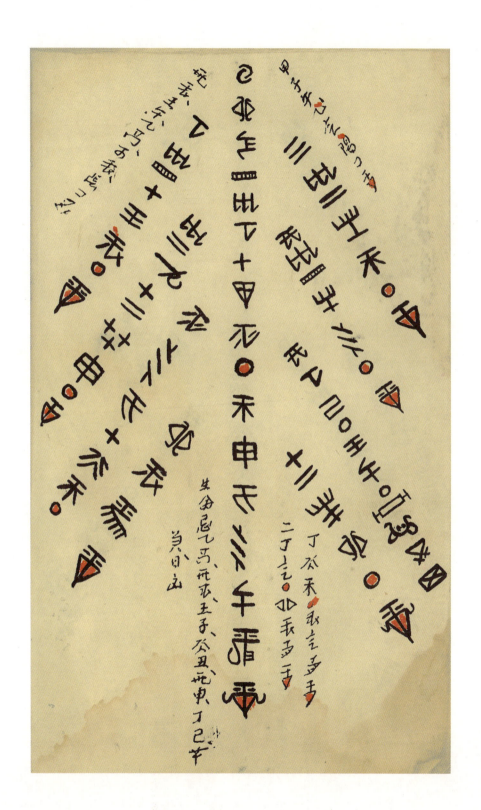

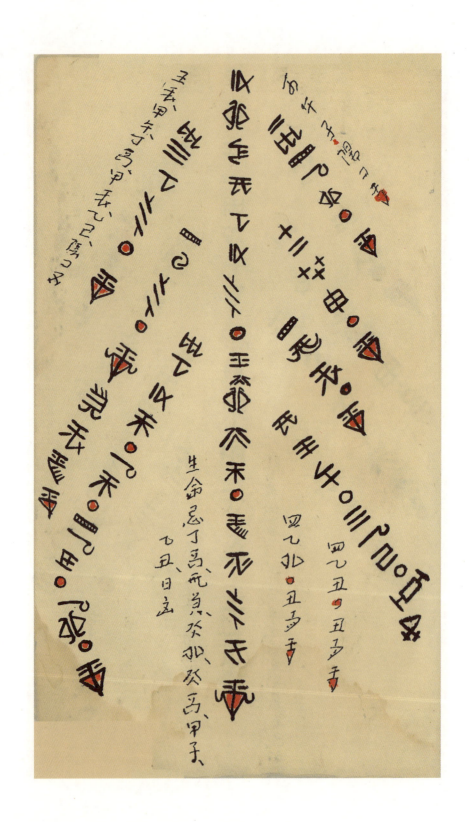

生命忌丁馬死莫於卯、癸馬甲子、
乙丑日立

水书

六十甲子
卷

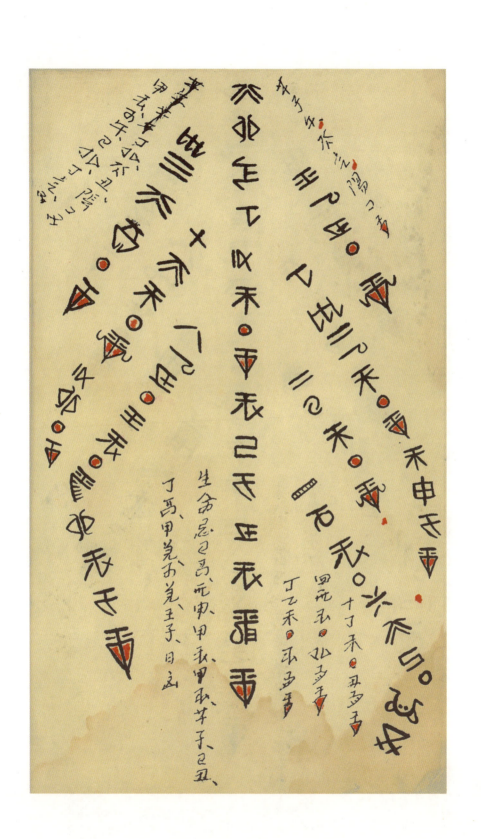

生命忌已禹元申甲我甲我子子已丑
丁禹、甲尭お尭壬子、日囟

水书

六十甲子卷

21

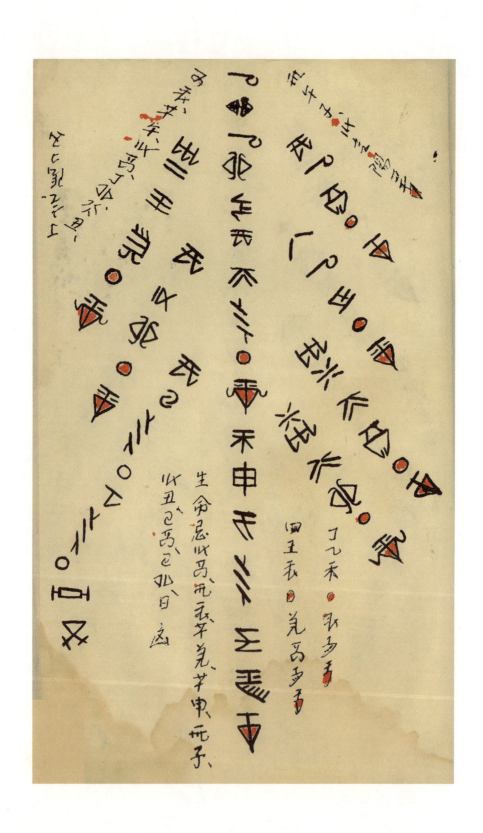

水书

六十甲子卷

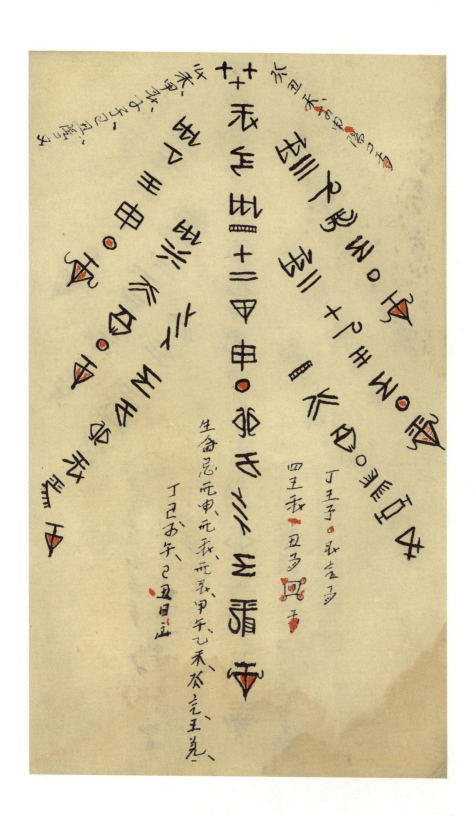

水书 六十甲子卷

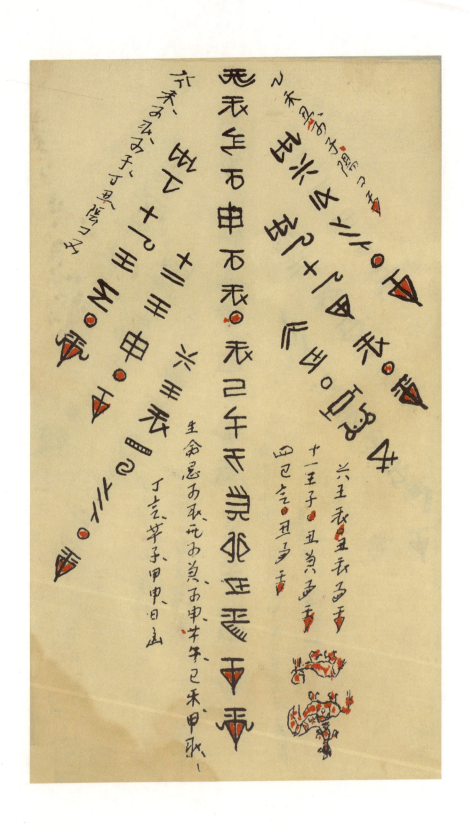

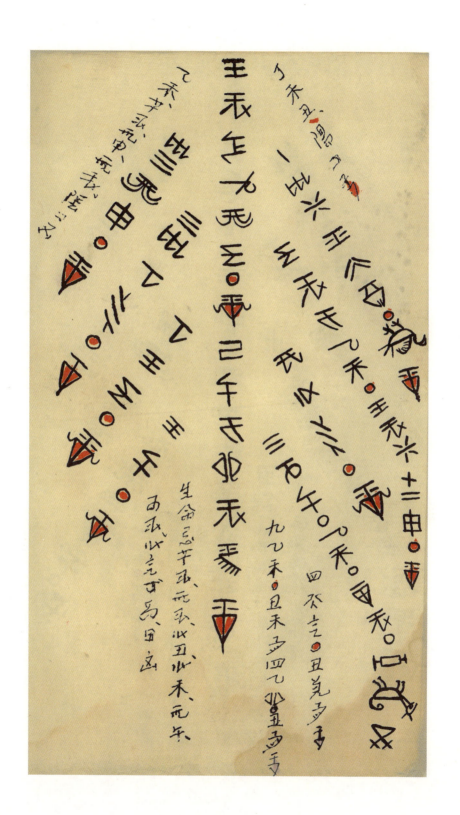

水书 六十甲子卷

25

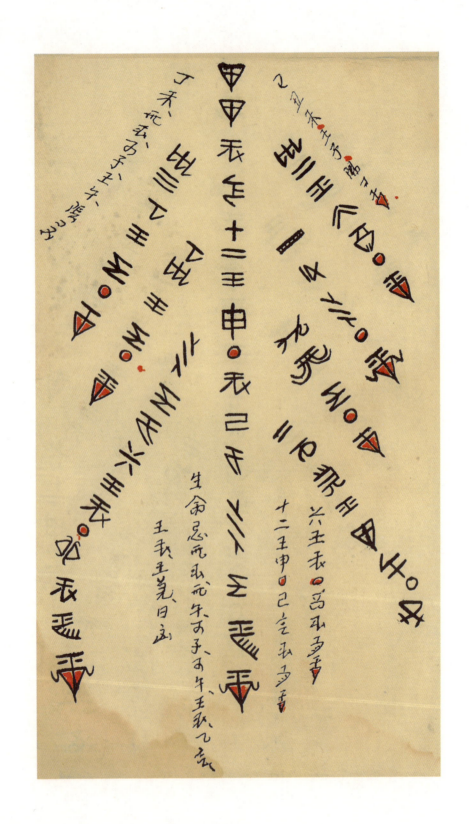

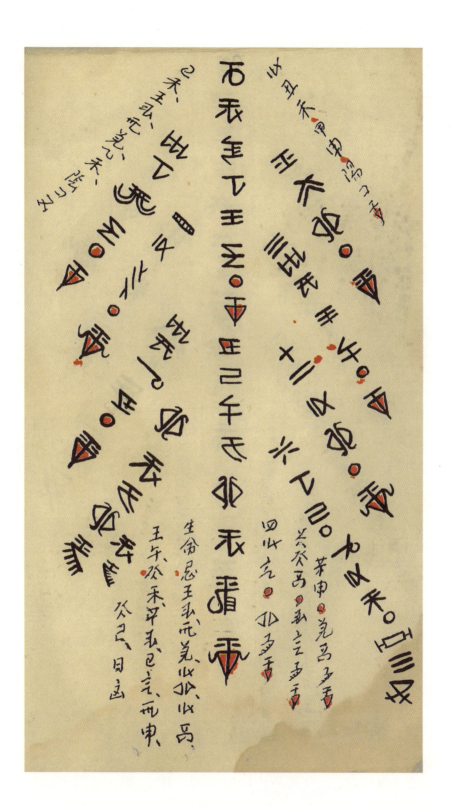

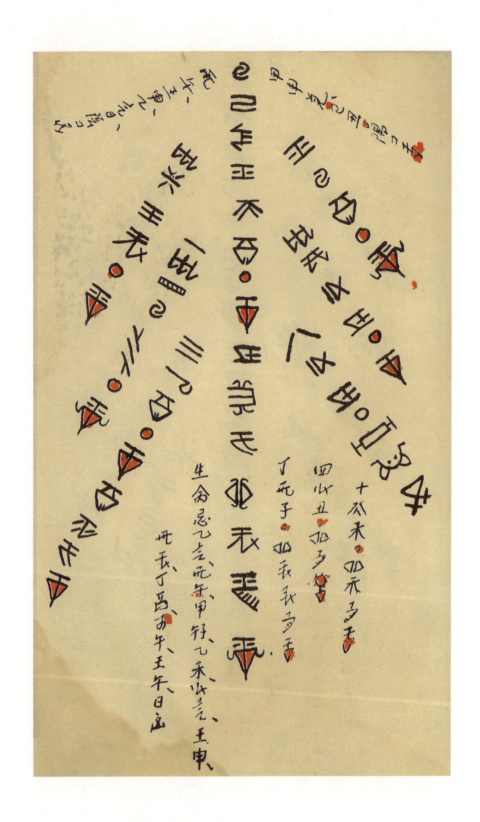

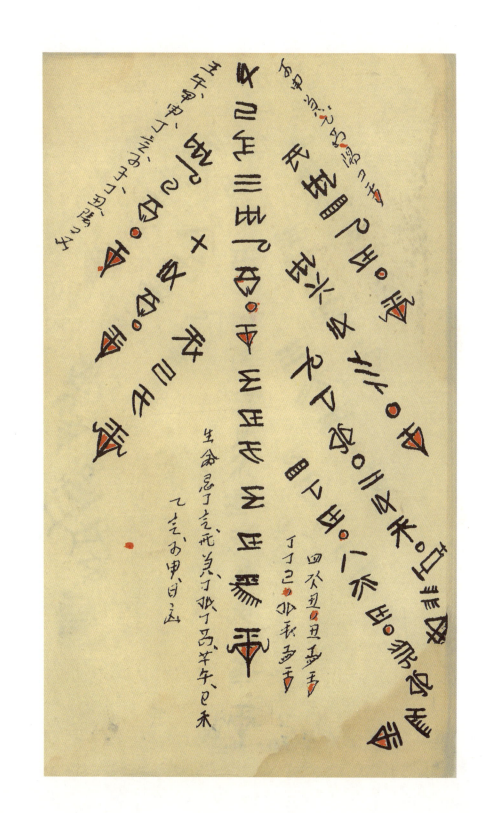

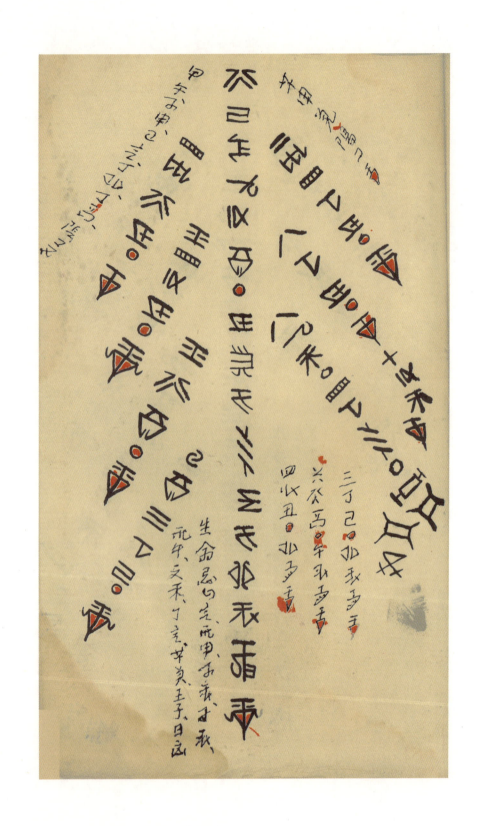

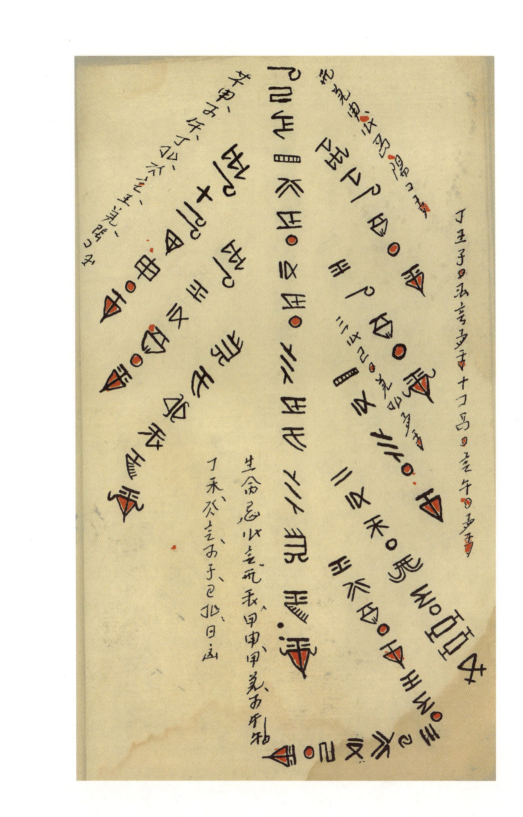

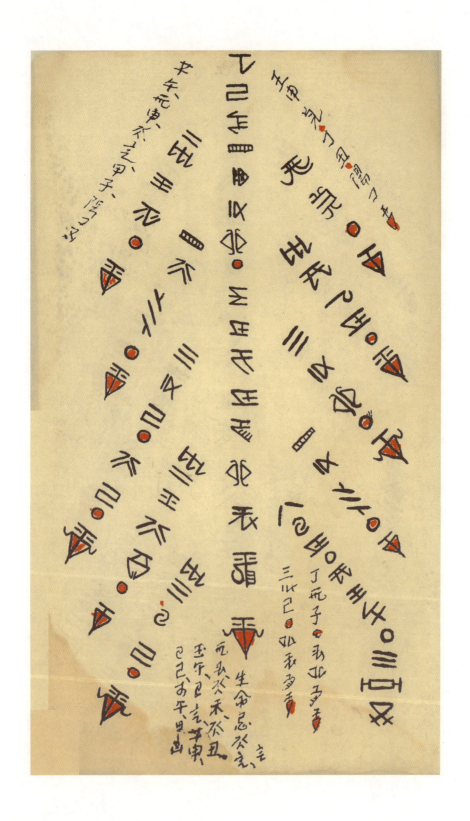

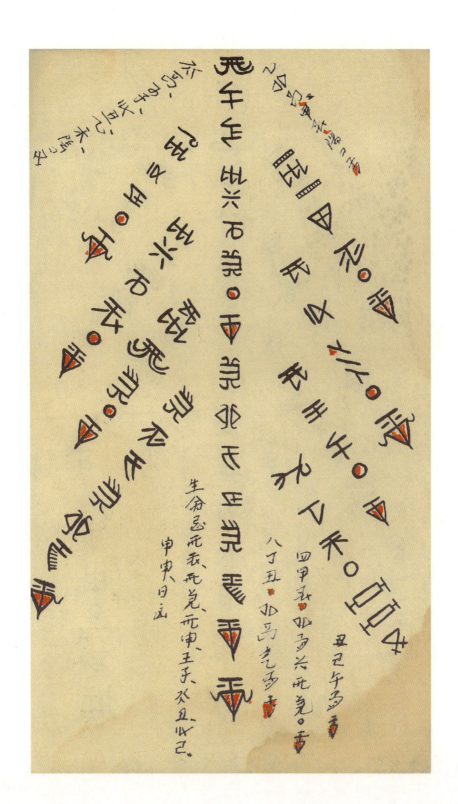

生命忌死衰、死兒、死寅、壬子、癸丑忌己。
申寅日忌

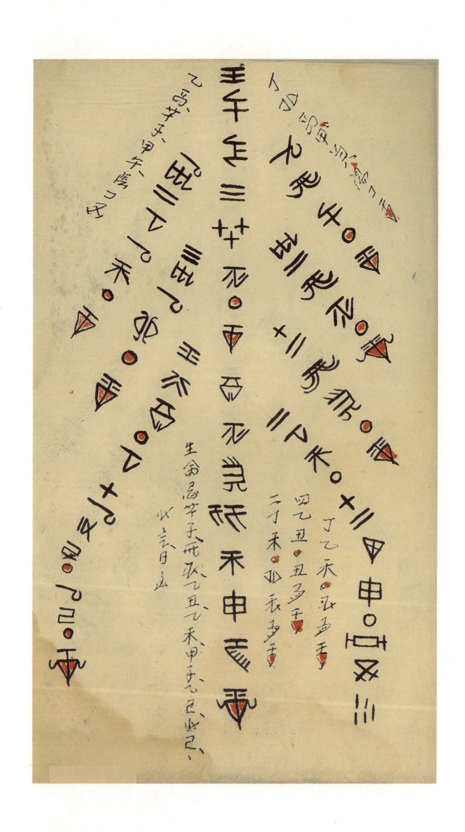

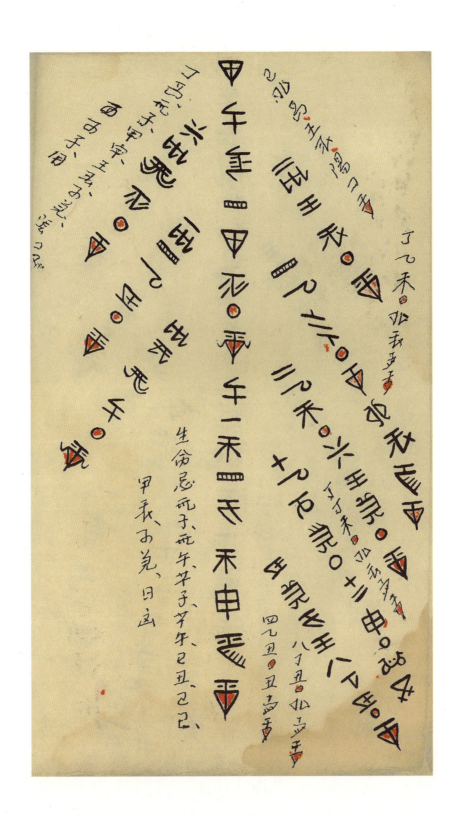

生命忌死子、死午芊子、芊午己丑、己己、

甲辰、子兑、日卤

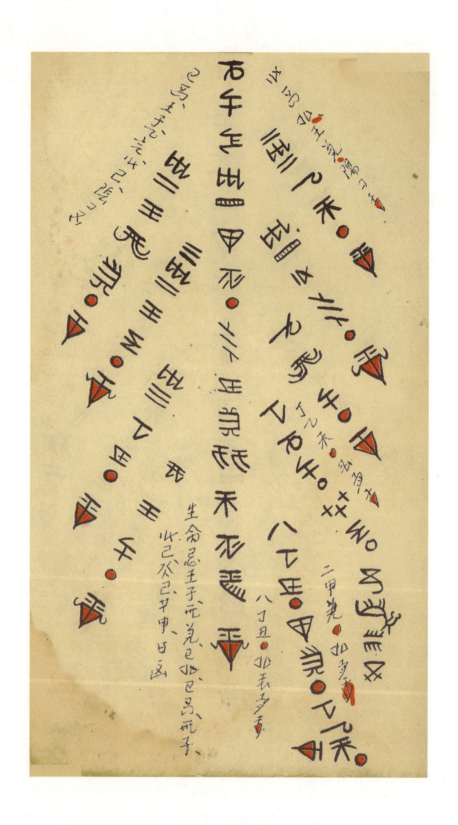

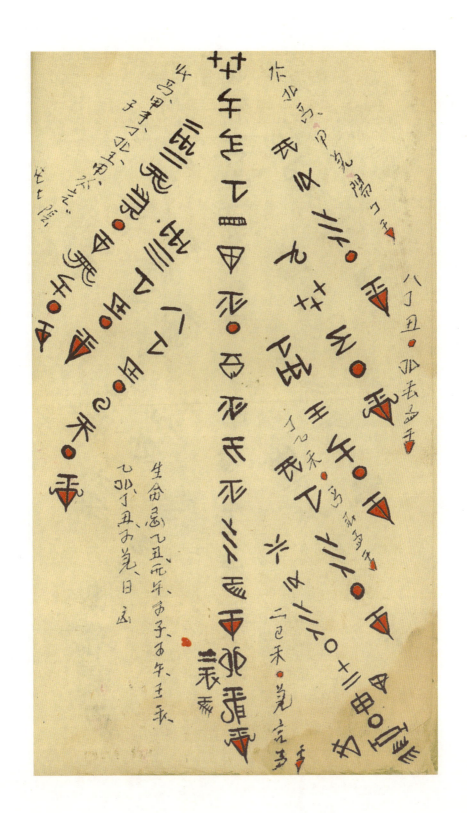

水书 六十甲子卷

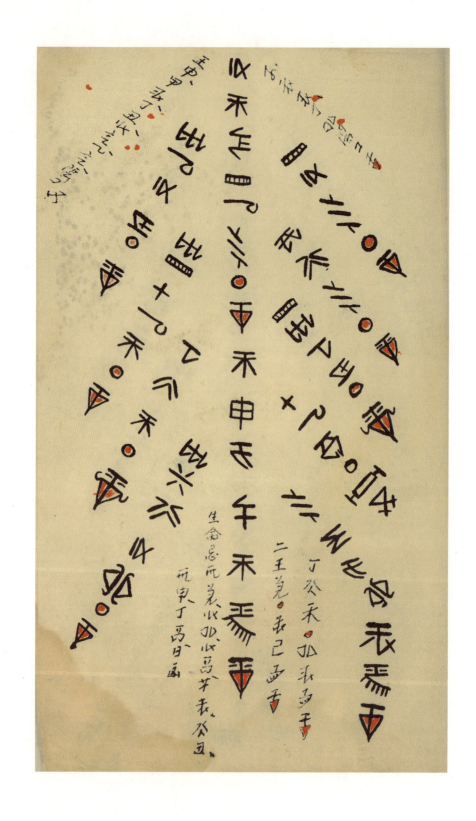

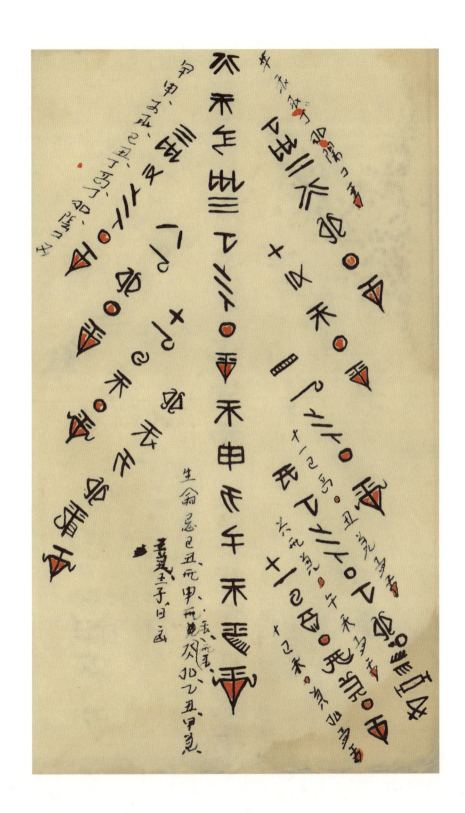

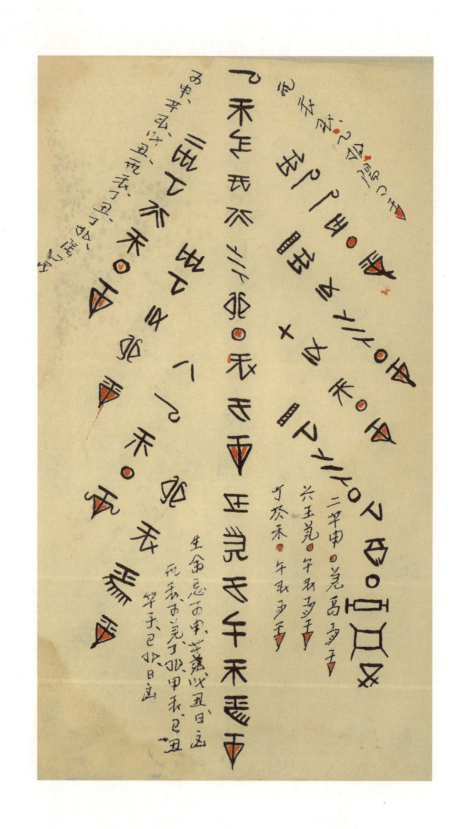

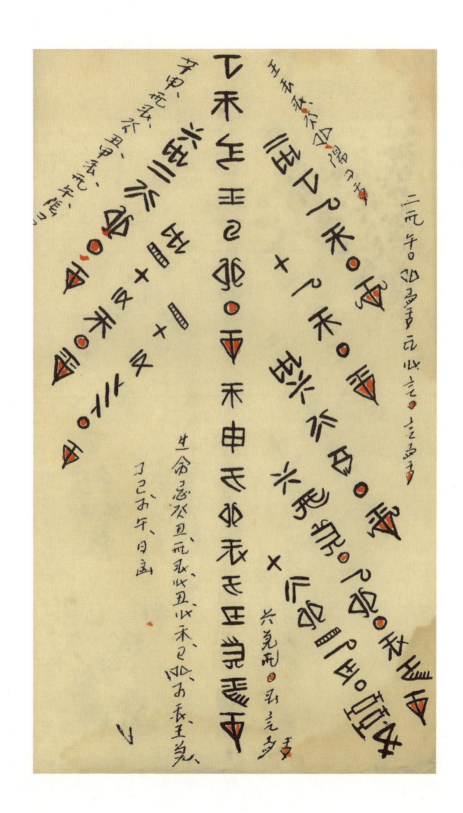

水书

六十甲子卷

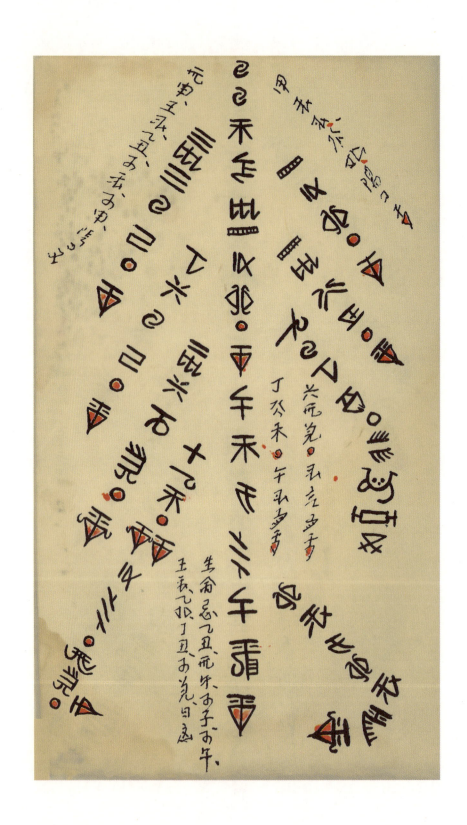

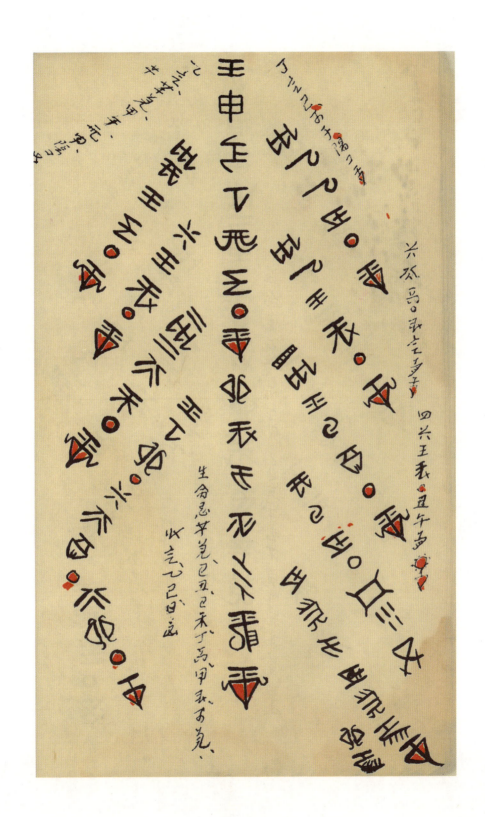

水书

六十甲子卷

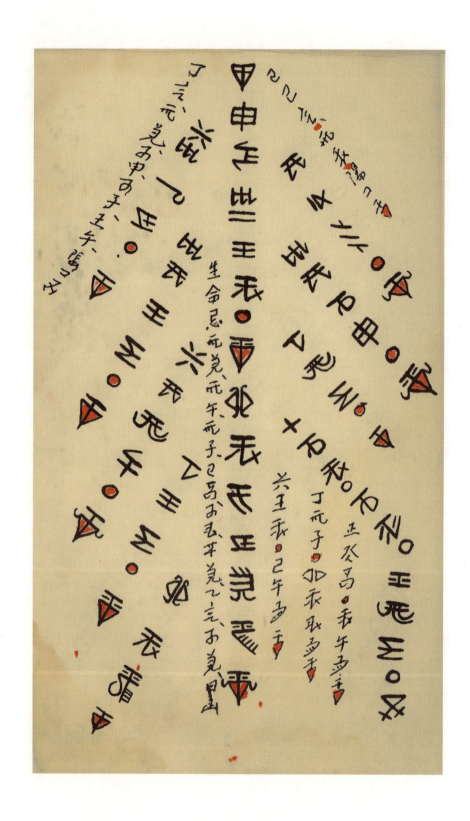

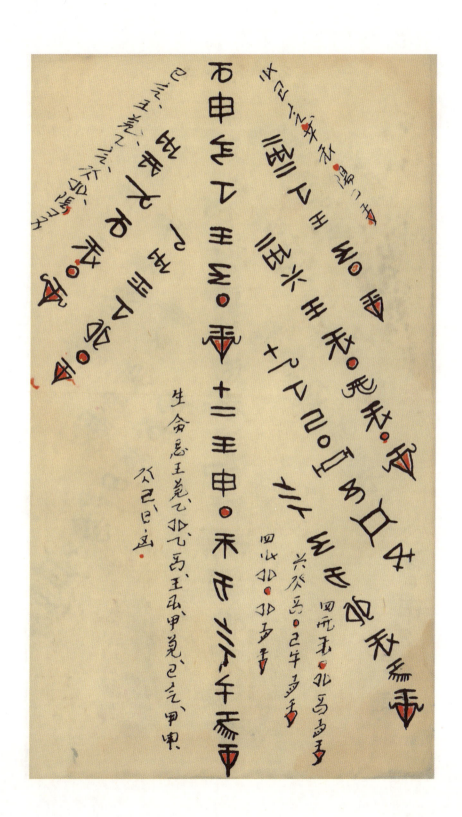

生命忘王兔乙卯乙巳 王丑甲寅 己亥甲寅

水书
六十甲子卷

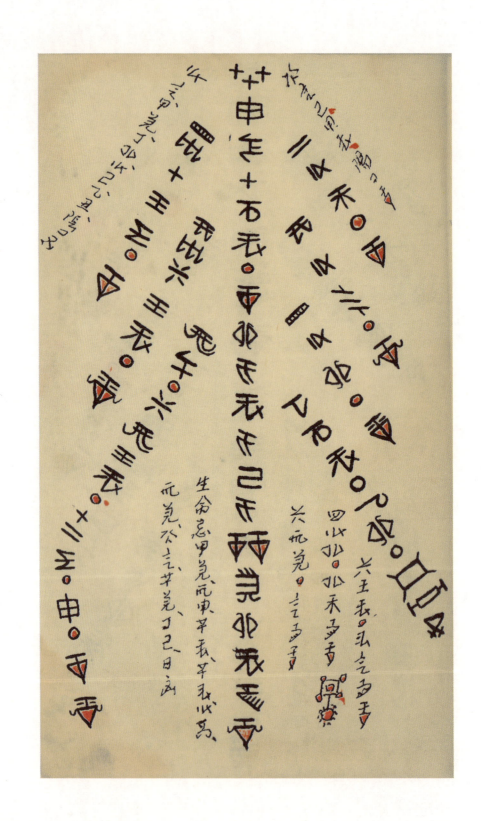

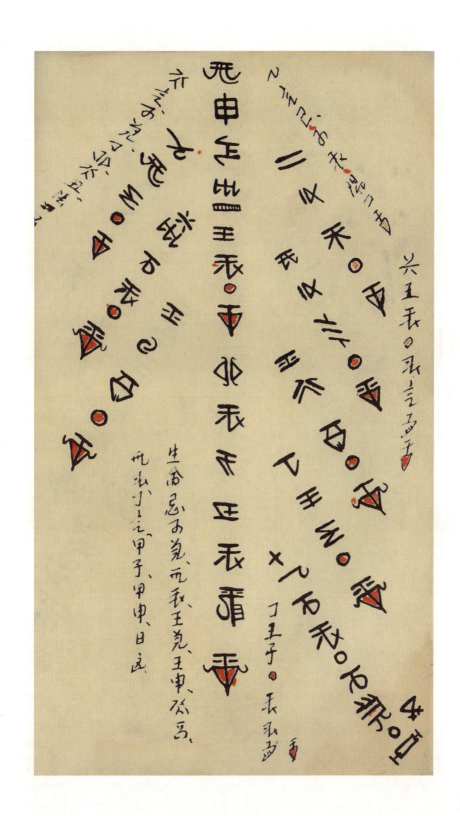

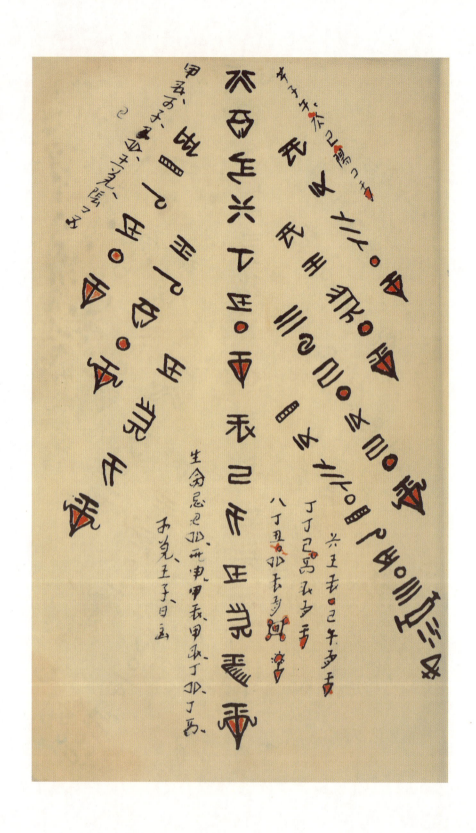

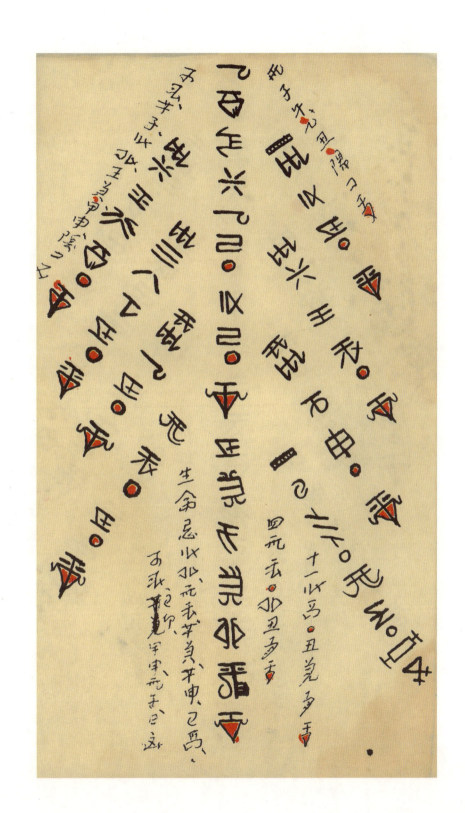

水书 六十甲子卷

49

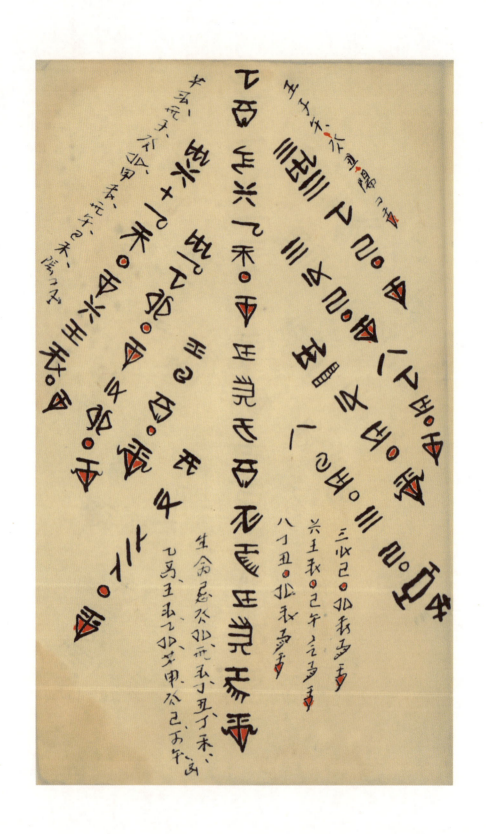

水书

六十甲子卷

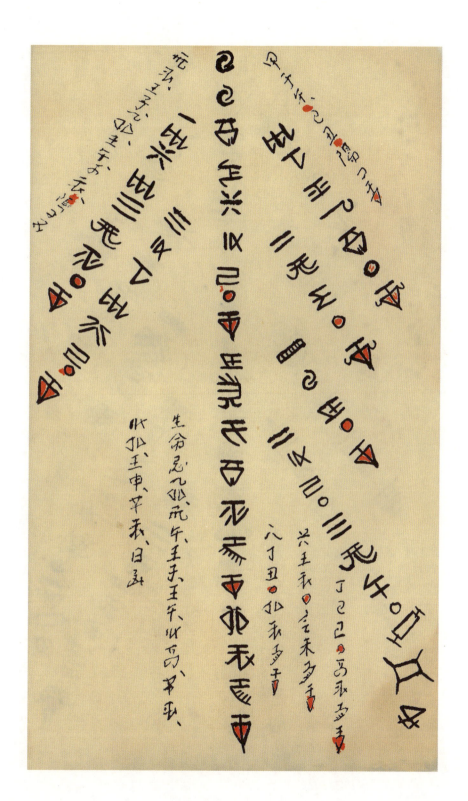

生命是几从死午、壬未、壬午、从从而、甲戌、

从从、壬申、辛未、日丑

水书
六十甲子
卷

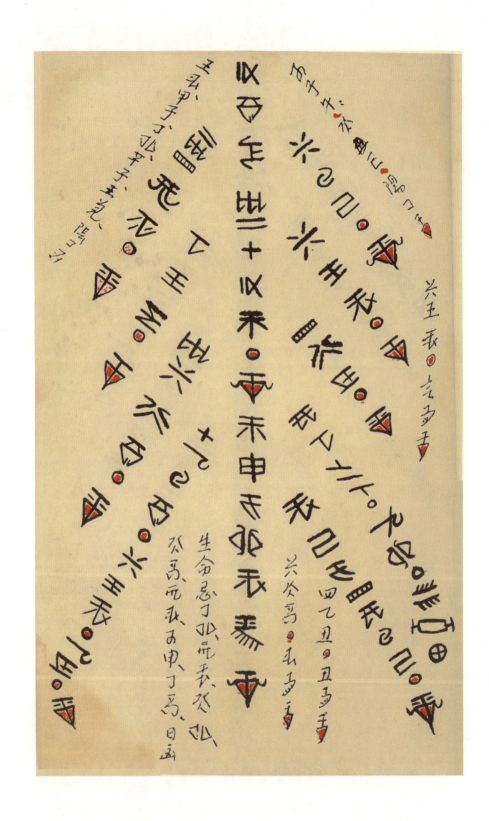

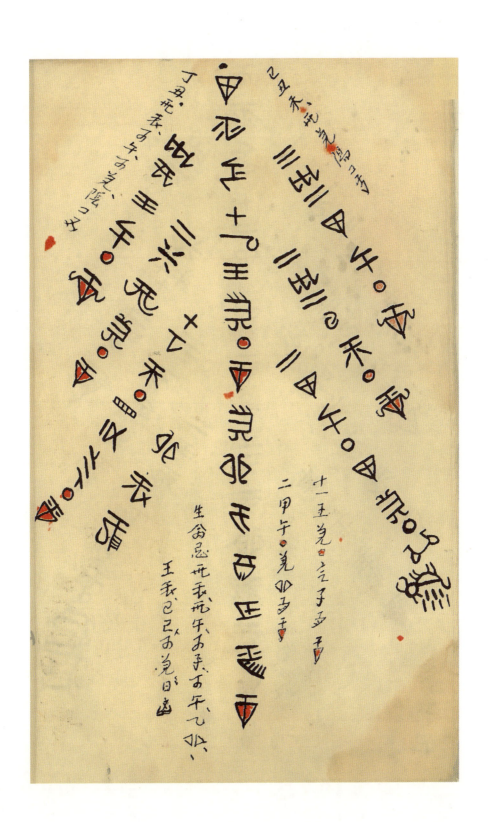

水书

六十甲子卷

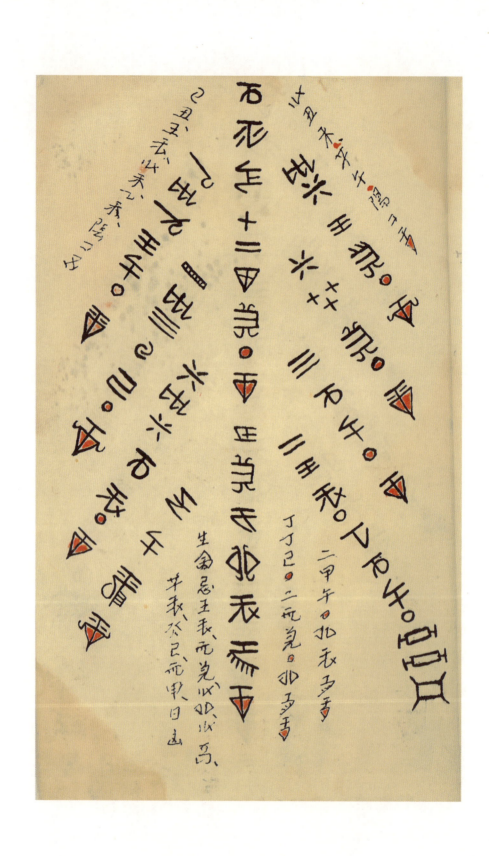

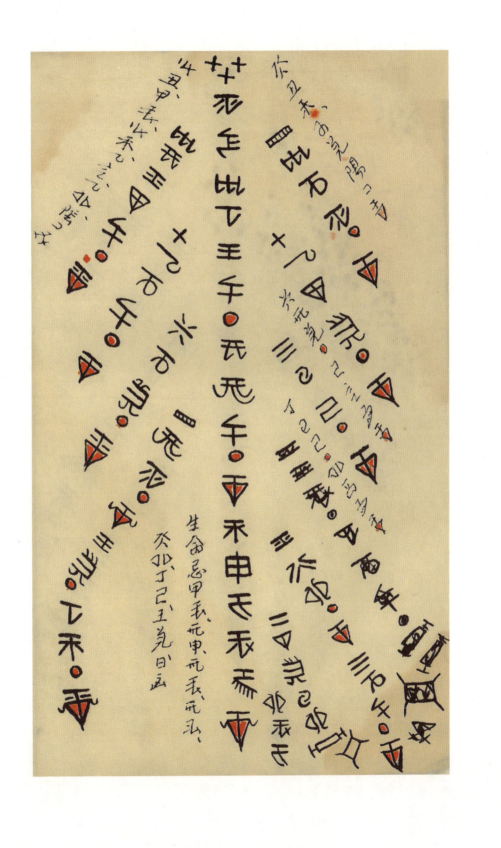

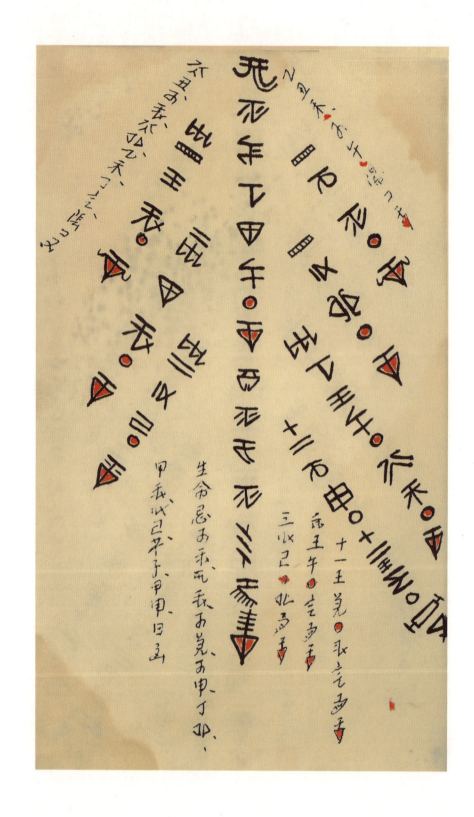

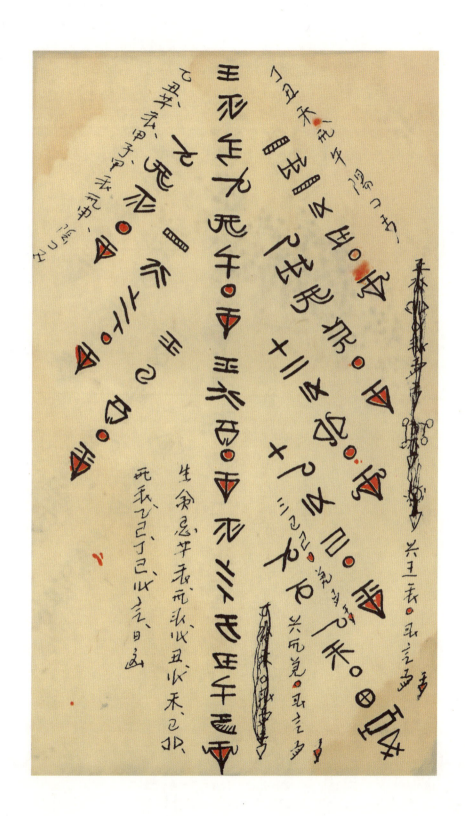

水书

六十甲子卷

57

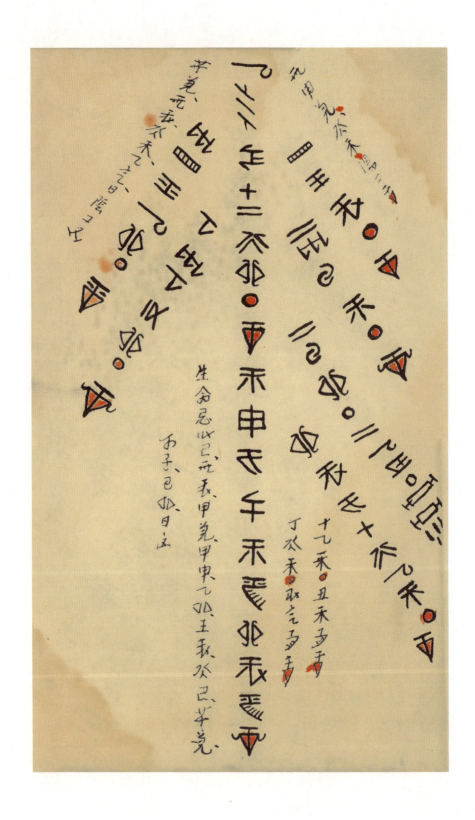

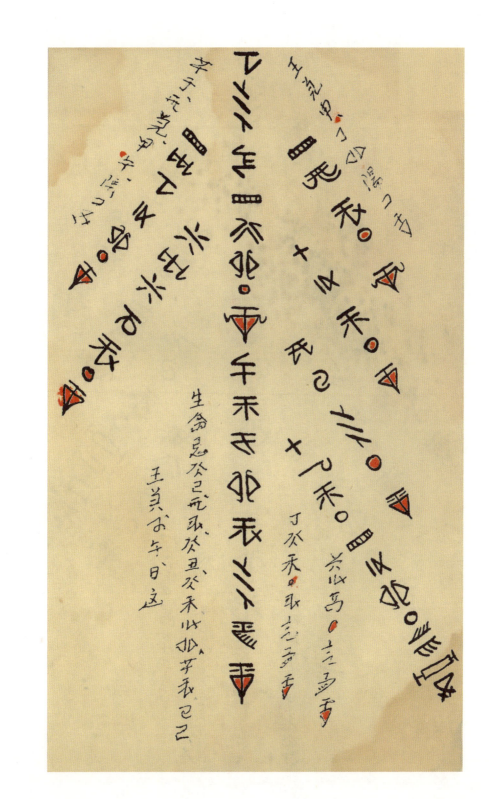

水书 六十甲子卷

59

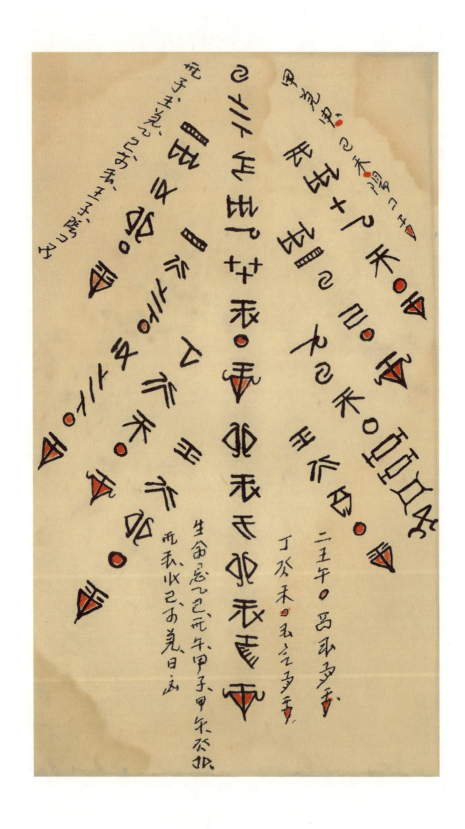

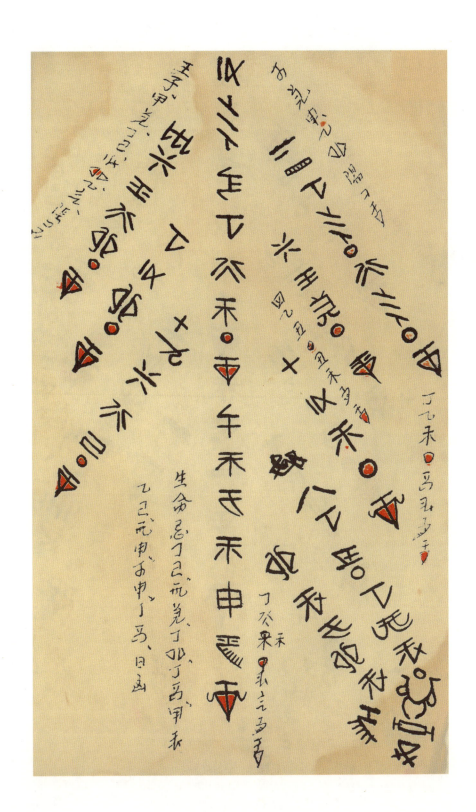

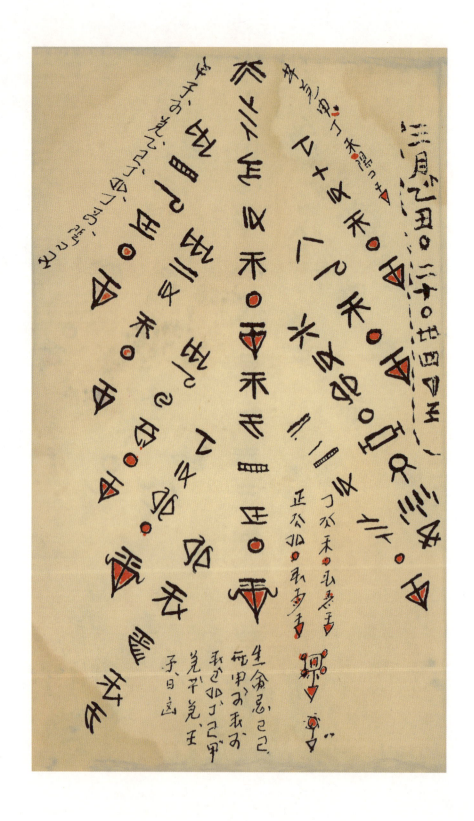

内容译注

甲子年

原文：

音标：	ȶa:p⁷	çi³	mbe¹	ti⁶	çət⁷	ȵum²	çi³	van¹	sup⁸	ȵi⁶	sən¹	van
直译：	甲	子	年	第	七	壬	子	日	十	二	申	日

意译：甲子年第七元壬子日，十二月申日，

原文：

音标：	sən¹	mi⁶	fa:ŋ¹	ji²	si²	ȶət⁷
直译：	申	未	方	寅	时	吉

意译：申方、未方，寅时，吉。

原文：

音标：	ȵi⁶	ʔjət⁷	ju⁴	van¹	çoŋ¹
直译：	二	乙	酉	日	凶

意译：二月乙酉日凶。

原文：

音标：	ʔjət⁷	ti⁶	çi⁵	ʔjət⁷	su³	van¹	ȶət⁷
直译：	一	第	四	乙	丑	日	吉

意译：第一元四月乙丑日吉。

水书 六十甲子卷

原文：

音标： ti⁶ ʔjət⁷ tsjeŋ¹ tɕi¹ ju⁴ van¹ tɕət⁷

直译： 第 乙 正 己 酉 日 吉

意译： 第一元正月己酉日吉。

原文：

音标： ti⁶ ȵi⁶ tsjeŋ¹ tɕui⁵ ju⁴ van¹ tɕət⁷

直译： 第 二 正 癸 酉 日 吉

意译： 第二元正月癸酉日吉。

原文：

音标： ti⁶ ŋo⁴ tɕu³ qen¹ ŋo⁴ van¹ tɕət⁷

直译： 第 五 九 庚 午 日 吉

意译： 第五元九月庚午日吉。

原文：

音标： ma:u⁴ sən² fa:ŋ¹ ma:u⁴ mi⁶

直译： 卯 辰 方 卯 未

意译： 卯方、辰方、卯方、未方(吉)。

原文：

音标： ti⁶ ŋo⁴ tsjeŋ¹ tɕui⁵ ju⁴ van¹ tɕət⁷

直译： 第 五 正 癸 酉 日 吉

意译： 第五元正月癸酉日吉。

水书 六十甲子卷

原文：　

音标：　çət⁷　　ti⁶　　ȵi⁶　　ʈui⁵　　mi⁶　　van¹　　ʈət⁷

直译：　七　　　第　　二　　　癸　　　未　　　日　　　吉

意译：　第七元二月癸未日吉。

原文：　

音标：　ʔjət⁷　　ti⁶　　çi⁵　　mu⁶　　sən²　　van¹　　ʈət⁷

直译：　一　　　第　　四　　　戊　　　辰　　　日　　　吉

意译：　第一元四月戊辰日吉。

原文：　

音标：　sup⁸　　ȵi⁶　　mu⁶　　çi³　　ȵi⁶　　mu⁶　　sən¹　　van¹　　ʈət⁷

直译：　十　　　二　　　戊　　　子　　　日　　　戊　　　申　　　日　　　吉

意译：　十二月戊子日、戊申日吉。

原文：　

音标：　ljok⁸　　qeŋ¹　　sən²　　van¹　　ʈət⁷

直译：　六　　　庚　　　辰　　　日　　　吉

意译：　六月庚辰日吉。

篇章意译：

甲子年第七元壬子日，十二月申日，申方、未方，寅时，吉。
二月乙酉日凶。

水书

六十甲子卷

第一元四月乙丑日吉。

第一元正月己酉日吉。

第二元正月癸酉日吉。

第五元九月庚午日吉，卯方、辰方、卯方、未方（吉）。

第五元正月癸酉日吉。

第七元二月癸未日吉。

第一元四月戊辰日吉。

十二月戊子日、戊申日吉。

六月庚辰日吉。

丙 子 年

原文：

音标： pjeŋ³ çi³ mbe¹ ŋi⁶ ti⁶ çi⁵ ȵum² sən² van¹

直译： 丙　子　年　二　第　四　壬　辰　日

意译： 丙子年第二元四月壬辰日，

原文：

音标： ju⁴ hət⁷ faːŋ¹ maːu⁴ su³ sən² si² tət⁷

直译： 酉　戌　方　卯　丑　辰　时　吉

意译： 酉方、戌方，卯时、丑时、辰时，吉。

原文：

音标： ljok⁸ ti⁶ çi⁵ tui⁵ ʁaːi³ van¹ tət⁷

直译： 六　第　四　癸　亥　日　吉

意译： 第六元四月癸亥日吉。

原文：

音标： ti⁶ ʔjət⁷ mu⁶ sən² van¹ tət⁷

直译： 第　一　戊　辰　日　吉

意译： 第一元戊辰日吉。

原文：

音标： çi⁵ tjeŋ¹ su³ van¹ tət⁷

直译： 四 丁 丑 日 吉

意译： 四月丁丑日吉。

原文：

音标： ti⁶ ȵi⁶ tu³ ȵum² ŋo² van¹ tət⁷

直译： 第 二 九 壬 午 日 吉

意译： 第二元九月壬午日吉。

原文：

音标： tsjeŋ¹ ta:p⁷ ŋo² van¹ ljok⁸ ta:p⁷ ji² van¹ ku³ qon⁴ çoŋ⁴

直译： 正 甲 午 日 六 甲 寅 日 "姑短" 凶

意译： 正月甲午日,六月甲寅日,"姑短"当值,凶。

原文：

音标： ti⁶ ŋo⁴ tsjeŋ¹ tui⁵ ju⁴ van¹ tət⁷

直译： 第 五 正 癸 酉 日 吉

意译： 第五元正月癸酉日吉。

原文：

音标： çi⁵ çən¹ ʁa:i³ van¹ tət⁷

直译： 四 辛 亥 日 吉

意译： 四月辛亥日吉。

原文：　

音标：　çət⁷　çən¹　mi⁶　van¹　tət⁷

音标：　$\text{ç}\text{ə}\text{t}^7$　$\text{ç}\text{ə}\text{n}^1$　mi^6　van^1　tət^7

直译：　七　辛　未　日　吉

意译：　七月辛未日吉。

原文：　

音标：　ti^6　çi^5　ta:p^7　ŋo^2　van^1　tət^7

直译：　第　四　甲　午　日　吉

意译：　第四元甲午日吉。

原文：　

音标：　qeŋ^1　ji^2　van^1　tət^7　ma:u^4　sən^2　fa:ŋ^1　tət^7

直译：　庚　寅　日　吉　卯　辰　方　吉

意译：　庚寅日吉，卯方、辰方吉。

篇章意译：

丙子年第二元四月壬辰日，酉方、戌方，卯时、丑时、辰时，吉。

第六元四月癸亥日吉。

第一元戊辰日吉。

四月丁丑日吉。

第二元九月壬午日吉。

正月甲午日，六月甲寅日，"姑短"当值，凶。

第五元正月癸酉日吉。

四月辛亥日吉。

七月辛未日吉。

第四元甲午日吉。

庚寅日吉，卯方、辰方吉。

水书
六十甲子卷

71

戊 子 年

原文：

音标：mu⁶ çi³ mbe¹ ti⁶ ljok⁸ sup⁸ qeŋ¹ sən² van¹

直译：戊　子　年　第　六　十　庚　辰　日

意译：戊子年第六元十月庚辰日，

原文：

音标：pjət⁷ ȵot⁸ ʔu¹ mi⁶ sən¹ fa:ŋ¹ su³ ŋo² si² tɕət⁷

直译：毕　月　乌宿　未　申　方　丑　午　时　吉

意译：值毕月乌宿，未方、申方，丑时、午时，吉。

原文：

音标：tɕət⁷ ȵum² çi³ pa²lja² ha:i² çoŋ¹

直译：七　壬　子　"八列"　棺　凶

意译：七月壬子日，"八列"当值，此日安葬，凶。

原文：

音标：ljok⁸ tjeŋ¹ çi⁴ ʔjət⁷ ma:u⁴ van¹ sat⁷sai¹ çoŋ¹

直译：六　丁　巳　乙　卯　日　"闪丧"　凶

意译：六月丁巳日、乙卯日，"闪丧"当值，此日安葬易导致择日先生死亡，属凶日。

水书　六十甲子卷

原文：

音标：　ŋo⁴　　ti⁶　　ljok⁸　　mu⁶　　sən²　　van¹　　tɕət⁷

直译：　五　　第　　六　　戊　　辰　　日　　吉

意译：　第五元六月戊辰日吉。

原文：

音标：　ti⁶　　ȵi⁶　　sup⁸　　ȵi⁶　　qeŋ¹　　mu⁶　　sən¹　　van¹　　tɕət⁷

直译：　第　　二　　十　　二　　庚　　戊　　申　　日　　吉

意译：　第二元十二月庚申日、戊申日吉。

原文：

音标：　ti⁶　　ha:m¹　　tɕu³　　ȵum²　　ŋo²　　van¹　　tɕət⁷

直译：　第　　三　　九　　壬　　午　　日　　吉

意译：　第三元九月壬午日吉。

原文：

音标：　ȵi⁶　　ti⁶　　ljok⁸　　tɕui⁵　　ju⁴　　van¹　　tɕət⁷

直译：　二　　第　　六　　癸　　酉　　日　　吉

意译：　第二元六月癸酉日吉。

原文：

音标：　ʔjət⁷　　ti⁶　　ljok⁸　　ʔjət⁷　　mi⁶　　van¹　　tɕət⁷

直译：　一　　第　　六　　乙　　未　　日　　吉

意译：　第一元六月乙未日吉。

水书　六十甲子卷

73

原文：

音标： ti⁶　　ŋo⁴　　sup⁸　　çən¹　　ma:u⁴　　van¹　　ʈət⁷

直译： 第　　五　　十　　辛　　卯　　日　　吉

意译： 第五元十月辛卯日吉。

原文：

音标： ma:u⁴ sən²　fa:ŋ¹ ma:u⁴ sən² van¹ si² ʈət⁷

直译： 卯　辰　方　卯　辰　日　时　吉

意译： 卯方、辰方,卯日卯时、辰日辰时,吉。

篇章意译:

　　戊子年第六元十月庚辰日,值毕月乌宿,未方、申方、丑时、午时,吉。

　　七月壬子日,"八列"当值,此日安葬,凶。

　　六月丁巳日、乙卯日,"闪丧"当值,此日安葬易导致择日先生死亡,属凶日。

　　第五元六月戊辰日吉。

　　第二元十二月庚申日、戊申日吉。

　　第三元九月壬午日吉。

　　第二元六月癸酉日吉。

　　第一元六月乙未日吉。

　　第五元十月辛卯日吉。

　　卯方、辰方,卯日卯时、辰日辰时,吉。

庚 子 年

原文：

音标： qeŋ¹ çi³ mbe¹ ti⁶ ljok⁸ pjeŋ³ sən² van¹

直译： 庚　子　年　第　六　丙　辰　日

意译： 庚子年第六元丙辰日，

原文：

音标： ma:u⁴ sən² sən¹ fa:ŋ¹ çi³ ŋo² van¹ si² tət⁷ ma:u⁴ sən² si² tət⁷

直译： 卯　辰　申　方　子　午　日　时　吉　卯　辰　时　吉

意译： 卯方、辰方、申方，子日子时、午日午时，卯时、辰时，吉。

原文：

音标： ha:m¹ ti⁶ çi⁵ ŋ‚um² sən² van¹ tət⁷

直译： 三　第　四　壬　辰　日　吉

意译： 三月第四元壬辰日吉。

原文：

音标： ti⁶ ŋ‚i⁶ pa:t⁷ ŋ‚um² çi³ van¹ tət⁷

直译： 第　二　八　壬　子　日　吉

意译： 第二元八月壬子日吉。

水书 六十甲子卷

75

原文：

音标：sup⁸　ŋ̩i⁶　mu⁶　çi³　van¹　tɕət⁷

直译：十　　二　　戊　　子　　日　　吉

意译：十二月戊子日吉。

原文：

音标：sup⁸　ŋ̩i⁶　pjeŋ³　sən¹　pjeŋ³　ji²　van¹　ha:i²　çoŋ¹

直译：十　　二　　丙　　申　　丙　　寅　　日　　棺　　凶

意译：十二月丙申日、丙寅日安葬，凶。

原文：

音标：ŋ̩i⁶　ljok⁸　ti⁶　ha:m¹　qeŋ¹　ŋo²　van¹　tɕət⁷

直译：二　　六　　第　　三　　庚　　午　　日　　吉

意译：二月、六月第三元庚午日吉。

原文：

音标：sup⁸　ʔjət⁷　mi⁶　van¹　ni⁴fa³hu³　ŋo⁴　tɕət⁷

直译：十　　乙　　未　　日　　尾火虎宿　　五　　吉

意译：十月乙未日，尾火虎宿值，五吉。

原文：

音标：çi⁵　ti⁶　ŋ̩i⁶　ŋum²　çi³　van¹　tɕət⁷

直译：四　　第　　二　　壬　　子　　日　　吉

意译：四月第二元壬子日吉

原文：

音标：	ȶu³	ȶa:p⁷	ŋo²	van¹	pa:t⁷	çən¹	su³	van¹	ȶət⁷
直译：	九	甲	午	日	八	辛	丑	日	吉

意译：九月甲午日、八月辛丑日吉。

篇章意译：

庚子年第六元丙辰日,卯方、辰方、申方,子日子时、午日午时,卯时、辰时,吉。

三月第四元壬辰日吉。

第二元八月壬子日吉。

十二月戊子日吉。

十二月丙申日、丙寅日安葬,凶。

二月、六月第三元庚午日吉。

十月乙未日,尾火虎宿值,五吉。

四月第二元壬子日吉。

九月甲午日、八月辛丑日吉。

水书

六十甲子卷

壬子年

原文：

音标： ȵum² çi³ mbe¹ ŋo⁴ çən¹ ʁa:i³ van¹ ȶət⁷ sup⁸ ȵi⁶ qeŋ¹ sən¹ van¹ ȵum² sən¹ van¹

直译： 壬 子 年 五 辛 亥 日 吉 十 二 庚 申 日 壬 申 日

意译：壬子年五月辛亥日吉,十二月庚申日、壬申日,

原文：

音标： sən² çi⁴ fa:ŋ¹ ju⁴ si² ma:u⁴ sən² van¹ si² ȶət⁷

直译： 辰 巳 方 酉 时 卯 辰 日 时 吉

意译：辰方、巳方,酉时、卯日卯时、辰日辰时,吉。

原文：

音标： ti⁶ çi⁵ qeŋ¹ ŋo² van¹ ȶət⁷

直译： 第 四 庚 午 日 吉

意译：第四元庚午日吉。

原文：

音标： ȶu³ qeŋ¹ ŋo² van¹ ljok⁸ çən¹ ju⁴ van¹ ȶət⁷

直译： 九 庚 午 日 六 辛 酉 日 吉

意译：九月庚午日,六月辛酉日吉。

水书 六十甲子卷

原文：〔图形符号〕

音标：sup⁸ ljok⁸ ȵum² sən² van¹ ma:u⁴ sən² fa:ŋ¹

直译：十　六　壬　辰　日　卯　辰　方

意译：十月、六月壬辰日,卯方、辰方(吉)。

原文：〔图形符号〕

音标：tsjeŋ¹ ȵum² ŋo² van¹ ȶət⁷

直译：正　壬　午　日　吉

意译：正月壬午日吉。

原文：〔图形符号〕

音标：ljok⁸ mu⁶ sən² van¹ ha:m¹ pjeŋ³ sən² van¹ ȵi⁶ çoŋ¹ sja:ŋ¹ qo¹

直译：六　戊　辰　日　三　丙　辰　日　二　凶　"象哥"

意译：六月戊辰日,三月丙辰日"象哥"当值,用之会导致两件不吉利的事情
发生,属凶日。

原文：〔图形符号〕

音标：ȵi⁶ ti⁶ çət⁷ ȶui⁵ ma:u⁴ van¹ ȶət⁷

直译：二　第　七　癸　卯　日　吉

意译：二月第七元癸卯日吉。

原文：〔图形符号〕

音标：ŋo⁴ ti⁶ ʔjət⁷ ȵum² sən² van¹ ȵum² ŋo² van¹ ȶət⁷

直译：五　第　乙　壬　辰　日　壬　午　日　吉

意译：五月第一元壬辰日、壬午日吉。

79

原文：

音标： sup⁸ çi⁵ ʈu³ qeŋ¹ çi³ van¹ ȵət⁸fa³sja² tət⁷

直译： 十　四　九　庚　子　日　翼火蛇宿　吉

意译： 十月、四月、九月庚子日，翼火蛇宿值，吉。

篇章意译：

　　壬子年五月辛亥日吉，十二月庚申日、壬申日，辰方、巳方，酉时、卯日卯时、辰日辰时，吉。

　　第四元庚午日吉。

　　九月庚午日，六月辛酉日吉。

　　十月、六月壬辰日，卯方、辰方（吉）。

　　正月壬午日吉。

　　六月戊辰日，三月丙辰日"象哥"当值，用之会导致两件不吉利的事情发生，属凶日。

　　二月第七元癸卯日吉。

　　五月第一元壬辰日、壬午日吉。

　　十月、四月、九月庚子日，翼火蛇宿值，吉。

水书

六十甲子卷

乙丑年

原文：

音标：	ʔjət⁷	su³	mbe¹	ti⁶	ha:m¹	ʔjət⁷	ju⁴	van¹	çən¹	su³	van¹
直译：	乙	丑	年	第	三	乙	酉	日	辛	丑	日

意译：乙丑年第三元乙酉日、辛丑日，

原文：

音标：	ju⁴	su³	fa:ŋ¹	su³	sən²	van¹	si²	ʈət⁷
直译：	酉	丑	方	丑	辰	日	时	吉

意译：酉方、丑方，丑日丑时、辰日辰时，吉。

原文：

音标：	ȵi⁶	ti⁶	ha:m¹	ʔjət⁷	çi⁴	van¹	ʈət⁷
直译：	二	第	三	乙	巳	日	吉

意译：二月第三元乙巳日吉。

原文：

音标：	ljok⁸	tjeŋ¹	çi⁴	van¹	ku³	qon⁴	ha:m¹	ha:i²	çoŋ¹
直译：	六	丁	巳	日	"姑短"		三	棺	凶

意译：六月丁巳日"姑短"当值，此日安葬犯重丧，凶。

原文：

音标： ti⁶　çi⁵　ȶu³　ȵum²　ŋo²　van¹　ȶət⁷
直译： 第　四　九　壬　午　日　吉
意译： 第四元九月壬午日吉。

原文：

音标： ti⁶　ŋo⁴　tsjeŋ¹　ȶui⁵　ju⁴　van¹　ȶət⁷
直译： 第　五　正　癸　酉　日　吉
意译： 第五元正月癸酉日吉。

原文：

音标： hət⁷　ji²　fa:ŋ¹　ma:u⁴　sən²　si²
直译： 戌　寅　方　卯　辰　时
意译： 戌方、寅方，卯时、辰时（吉）。

篇章意译：

　　乙丑年第三元乙酉日、辛丑日，酉方、丑方，丑日丑时、辰日辰时，吉。
　　二月第三元乙巳日吉。
　　六月丁巳日"姑短"当值，此日安葬犯重丧，凶。
　　第四元九月壬午日吉。
　　第五元正月癸酉日吉。
　　戌方、寅方，卯时、辰时（吉）。

水书
六十甲子卷

82

丁 丑 年

原文：

音标： tjeŋ^1　su^3　mbe^1　tsjeŋ^1　ţi^1　ju^4　van^1　çən^1　çi^4　van^1

直译： 丁　丑　年　正　己　酉　日　辛　巳　日

意译： 丁丑年正月己酉日、辛巳日吉。

原文：

音标： ţət^7　ŋo^2　mi^6　fa:ŋ^1　çi^4　fa:ŋ^1　ju^4　hət^7　van^{1}si^2

直译： 吉　午　未　方　巳　方　酉　戌　日时

意译： 午方、未方、巳方，酉日酉时、戌日戌时，吉。

原文：

音标： ti^6　çi^5　pa:t^7　ȵum^2　çi^3　van^1　ţət^7

直译： 第　四　八　壬　子　日　吉

意译： 第四元八月壬子日吉。

原文：

音标： pa:t^7　ȵum^2　ŋo^2　van^1　ţət^7

直译： 八　壬　午　日　吉

意译： 八月壬午日吉。

水书 六十甲子卷

83

原文：

音标：	ti⁶	ɕi⁵	ȶi¹	ɕi⁴	van¹	ȶət⁷
直译：	第	四	己	巳	日	吉

意译：第四元己巳日吉。

原文：

音标：	ljok⁸	mu⁶	ji²	van¹	ȶi¹	ma:u⁴	van¹	ha:i²	ha:i²	ɕoŋ¹
直译：	六	戊	寅	日	己	卯	日	棺	棺	凶

意译：六月戊寅日、己卯日安葬犯重丧，凶。

原文：

音标：	ɕət⁷	ti⁶	tsjeŋ¹	tjeŋ¹	ju⁴	van¹	ȶət⁷
直译：	七	第	正	丁	酉	日	吉

意译：第七元正月丁酉日吉。

原文：

音标：	ŋo⁴	ti⁶	ɕi⁵	ȶui⁵	ʁa:i³	van¹	ȶət⁷
直译：	五	第	四	癸	亥	日	吉

意译：五月第四元癸亥日吉。

原文：

音标：	ti⁶	ŋo⁴	ȶui⁵	su³	van¹	ȶət⁷
直译：	第	五	癸	丑	日	吉

意译：第五元癸丑日吉。

水书 六十甲子卷

原文：

音标： ŋo⁴ ʦui⁵ çi⁴ van¹ ji² ma:u⁴ si² çi⁵ çoŋ¹

直译： 五　　癸　巳　日　寅　卯　　时　四　凶

意译： 五月癸巳日，寅时、卯时，用之会导致四件不吉利的事情发生，属凶日。

篇章意译：

丁丑年正月己酉日、辛巳日吉。

午方、未方、巳方，酉日酉时、戌日戌时，吉。

第四元八月壬子日吉。

八月壬午日吉。

第四元己巳日吉。

六月戊寅日、己卯日安葬犯重丧，凶。

第七元正月丁酉日吉。

五月第四元癸亥日吉。

第五元癸丑日吉。

五月癸巳日，寅时、卯时，用之会导致四件不吉利的事情发生，属凶日。

水书 六十甲子卷

己 丑 年

原文：

音标：ȶi¹　su³　mbe¹　ljok⁸　ȶi¹　çi⁴　çən¹　su³　van¹

直译：己　丑　年　六　己　巳　辛　丑　日

意译：己丑年六月己巳日、辛丑日，

原文：

音标：su³　ji²　hət⁷　fa:ŋ¹　ji²　hət⁷　van¹si²　ȶət⁷

直译：丑　寅　戌　方　寅　戌　日时　吉

意译：丑方、寅方、戌方，寅日寅时、戌日戌时，吉。

原文：

音标：ʔjət⁷　ti⁶　ʔjət⁷　çi⁴　van¹　ȶət⁷　ȶi¹　çi⁴　ȶui⁵　çi⁴　van¹　ȶət⁷

直译：乙　第　乙　巳　日　吉　己　巳　癸　巳　日　吉

意译：一月第一元乙巳日吉，己巳日、癸巳日吉。

原文：

音标：ŋi⁶　ti⁶　ha:m¹　tjeŋ¹　ju⁴　van¹　ȶət⁷

直译：二　第　三　丁　酉　日　吉

意译：二月第三元丁酉日吉。

水书 六十甲子卷

86

原文:

音标: ljok^8 ti^6 tsjeŋ^1 ȶa:p^7 ŋo^2 van^1 tət^7

直译: 六　第　正　甲　午　日　吉

意译: 第六元正月甲午日吉。

原文:

音标: ȵi^6 mu^6 ji^2 van^1 ŋo^4 ȵum^2 ŋo^2 van^1

直译: 二　戊　寅　日　五　壬　午　日

意译: 二月戊寅日、五月壬午日、

原文:

音标: ha:m^1 ʔjət^7 çi^4 van^1 ha:i^2 çi^5 çoŋ^1

直译: 三　乙　巳　日　棺　四　凶

意译: 三月乙巳日,安葬犯重丧,导致主家连续死四个人,属凶日。

原文:

音标: ȵi^6 ti^6 ȶu^3 ȶui^5 ju^4 van^1 tət^7

直译: 二　第　九　癸　酉　日　吉

意译: 第二元九月癸酉日吉。

原文:

音标: çət^7 ti^6 sup^8 çən^1 mi^6 van^1 tət^7

直译: 七　第　十　辛　未　日　吉

意译: 第七元十月辛未日吉。

水书 六十甲子卷

原文：

音标： ljok⁸　ti⁶　ʔjət⁷　ju⁴　çən¹　su³　van¹　tət⁷

直译： 六　第　乙　酉　辛　丑　日　吉

意译： 第六元乙酉日、辛丑日吉。

原文：

音标： ȶui⁵　su³　van¹　su³　sən²　si²　tət⁷

直译： 癸　丑　日　丑　辰　时　吉

意译： 癸丑日丑时、辰时吉。

篇章意译：

　　己丑年六月己巳日、辛丑日，丑方、寅方、戌方，寅日寅时、戌日戌时，吉。

　　一月第一元乙巳日吉，己巳日、癸巳日吉。

　　二月第三元丁酉日吉。

　　第六元正月甲午日吉。二月戊寅日、五月壬午日、三月乙巳日，安葬犯重丧，导致主家连续死四个人，属凶日。

　　第二元九月癸酉日吉。

　　第七元十月辛未日吉。

　　第六元乙酉日、辛丑日吉。

　　癸丑日丑时、辰时吉。

水书 六十甲子卷

88

辛 丑 年

原文：

音标： çən¹ su³ mbe¹ ŋo⁴ ti⁶ çət⁷ ȵum² çi³ van¹

直译： 辛 丑 年 五 第 七 壬 子 日

意译： 辛丑年第五元七月壬子日，

原文：

音标： hət⁷ su³ faːŋ¹ ɣaːi³ su³ si² tət⁷

直译： 戌 丑 方 亥 丑 时 吉

意译： 戌方、丑方，亥时、丑时吉。

原文：

音标： ŋo⁴ ti⁶ tsjeŋ¹ ȶui⁵ ju⁴ van¹ tət⁷

直译： 五 第 正 癸 酉 日 吉

意译： 第五元正月癸酉日吉。

原文：

音标： ljok⁸ ti⁶ ȶu³ qen¹ ŋo⁴ van¹ tət⁷

直译： 六 第 九 庚 午 日 吉

意译： 第六元九月庚午日吉。

原文：

音标：　çət⁷　　sup⁸　　ʔjət⁷　　mi⁶　　van¹　　t̠ət⁷

直译：　七　　十　　乙　　未　　日　　吉

意译：七月、十月乙未日吉。

原文：

音标：　ha:m¹　ʔjət⁷　çi⁴　van¹　ŋo⁴　t̠ui⁵　ma:u⁴　van¹　ha:i²

直译：　三　　乙　　巳　　日　　五　　癸　　卯　　日　　棺

意译：三月乙巳日（吉），五月癸卯日，此日安葬凶。

原文：

音标：　ha:m¹　ti⁶　t̠ui⁵　su³　van¹　t̠ət⁷

直译：　三　　第　　癸　　丑　　日　　吉

意译：第三元癸丑日吉。

原文：

音标：　ljok⁸　sup⁸　ʔjət⁷　ʔjət⁷　çən¹　ju⁴　van¹　t̠ət⁷

直译：　六　　十　　一　　乙　　辛　　酉　　日　　吉

意译：六月、十一月，乙酉日、辛酉日吉。

原文：

音标：　çi⁵　ti⁶　ljok⁸　t̠ui⁵　mi⁶　van¹　t̠ət⁷

直译：　四　　第　　六　　癸　　未　　日　　吉

意译：第四元六月癸未日吉。

六十甲子卷

90

原文：

音标： tsjeŋ¹ ȵi¹ ju⁴ van¹ tət⁷
直译： 正 己 酉 日 吉
意译： 正月己酉日吉。

原文：

音标： çi⁴ ŋo² fa:ŋ¹ çi⁴ ŋo² si² tət⁷
直译： 巳 午 方 巳 午 时 吉
意译： 巳方、午方，巳时、午时吉。

篇章意译：

辛丑年第五元七月壬子日，戌方、丑方，亥时、丑时吉。

第五元正月癸酉日吉。

第六元九月庚午日吉。

七月、十月乙未日吉。

三月乙巳日（吉），五月癸卯日，此日安葬凶。

第三元癸丑日吉。

六月、十一月，乙酉日、辛酉日吉。

第四元六月癸未日吉。

正月己酉日吉。

巳方、午方，巳时、午时吉。

水书 六十甲子卷

91

癸 丑 年

原文：

音标： ȵui⁵ su³ mbe¹ ha:m¹ ljok⁸ ȶi¹ çi⁴ van¹

直译： 癸 丑 年 三 六 己 巳 日

意译： 癸丑年三月、六月己巳日，

原文：

音标： sən¹ ju⁴ fa:ŋ¹ ji² ma:u⁴ sən¹ van¹si² ȶət⁷

直译： 申 酉 方 寅 卯 申 日时 吉

意译： 申方、酉方，寅日寅时、卯日卯时、申日申时，吉。

原文：

音标： ŋo⁴ ti⁶ tsjeŋ¹ ȵui⁵ ju⁴ van¹ ȶət⁷

直译： 五 第 正 癸 酉 日 吉

意译： 第五元正月癸酉日吉。

原文：

音标： çət⁷ ȵum² çi³ van¹ ȶət⁷

直译： 七 壬 子 日 吉

意译： 七月壬子日吉。

原文：

音标： ha:m¹ tjeŋ¹ çi⁴ van¹ tət⁷

直译： 三 丁 巳 日 吉

意译： 三月丁巳日吉。

原文：

音标： çət⁷ ti⁶ ȵi⁶ ʈi¹ ju⁴ van¹ tət⁷

直译： 七 第 二 己 酉 日 吉

意译： 第七元二月己酉日吉。

原文：

音标： pa:t⁷ ʈi¹ çi⁴ van¹ ȵi⁶ çən¹ ma:u⁴ van¹ ha:i² çi⁵ çoŋ¹

直译： 八 己 巳 日 二 辛 卯 日 棺 四 凶

意译： 八月己巳日、二月辛卯日安葬犯重丧,会导致主家连续死四人,凶。

原文：

音标： çi⁵ ti⁶ ʈi¹ ʈi¹ ʁa:i³ van¹ tət⁷

直译： 四 第 己 己 亥 日 吉

意译： 第四元己亥日吉。

原文：

音标： ljok⁸ ti⁶ çən¹ su³ van¹ tət⁷

直译： 六 第 辛 丑 日 吉

意译： 第六元辛丑日吉。

水书 六十甲子卷

93

原文：

音标： ma:u⁴ sən² fa:ŋ¹ sup⁸ ȵi⁶ mu⁶ sən¹ van¹ çən¹ ma:u⁴ van¹ ȶət⁷

直译： 卯　辰　方　十　二　戊　申　日　辛　卯　日　吉

意译： 十二月戊申日、辛卯日，卯方、辰方，吉。

篇章意译：

　　癸丑年三月、六月己巳日，申方、酉方，寅日寅时、卯日卯时、申日申时，吉。

　　第五元正月癸酉日吉。

　　七月壬子日吉。

　　三月丁巳日吉。

　　第七元二月己酉日吉。

　　八月己巳日、二月辛卯日安葬犯重丧，会导致主家连续死四人，凶。

　　第四元己亥日吉。

　　第六元辛丑日吉。

　　十二月戊申日、辛卯日，卯方、辰方，吉。

丙寅年

原文：

音标： pjeŋ³ ji² mbe¹ ti⁶ ȵi⁶ pa:t³ ȵum² hət⁷ van¹ mu⁶ hət⁷ van¹

直译： 丙 寅 年 第 二 八 壬 戌 日 戊 戌 日

意译： 丙寅年第二元八月壬戌日、戊戌日，

原文：

音标： ʁa:i³ fa:ŋ¹ sup⁸ ju⁴ hət⁷ si²

直译： 亥 方 十 酉 戌 时

意译： 亥方，十月酉时、戌时，吉。

原文：

音标： ŋo⁴ ti⁶ sup⁸ ʔjət⁷ qeŋ¹ ŋo² van¹ ʈət⁷

直译： 五 第 十 乙 庚 午 日 吉

意译： 第五元十一月庚午日吉。

原文：

音标： ȵi⁶ ti⁶ mu⁶ hət⁷ van¹ ʈət⁷

直译： 二 第 戊 戌 日 吉

意译： 第二元戊戌日吉。

水书
六十甲子卷

原文：

音标： çət¹ pa:t⁷ ȶa:p⁷ hət⁷ van¹ ȶət⁷

直译： 丁　八　甲　戌　日　吉

意译： 七月、八月甲戌日吉。

原文：

音标： ȶu³ tjeŋ¹ mi⁶ van¹ ʔjət⁷　ha:i²　tə⁶khup⁷　çoŋ¹　çoŋ¹

直译： 九　丁　未　日　一　　棺　　蜈蚣伤　　凶　凶

意译： 九月丁未日，此日安葬，后世有人被蜈蚣伤，凶。

原文：

音标： ha:m¹ ti⁶ ha:m¹ ȵum² çi³ van¹ ȶət⁷

直译： 三　第　三　壬　子　日　吉

意译： 第三元三月壬子日吉。

原文：

音标： ha:m¹ ti⁶ çi⁵ tjeŋ¹ ʁa:i³ van¹ ȶət⁷

直译： 三　第　四　丁　亥　日　吉

意译： 第三元四月丁亥日吉。

原文：

音标： sən² çi⁴ fa:ŋ¹ su³ ji² si² ȶət⁷ ȶət⁷ ȶət⁷

直译： 辰　巳　方　丑　寅　时　吉　吉　吉

意译： 辰巳方丑寅时大吉。

水书

六十甲子卷

篇章意译：

丙寅年第二元八月壬戌日、戊戌日,亥方,十月酉时、戌时,吉。

第五元十一月庚午日吉。

第二元戊戌日吉。

七月、八月甲戌日吉。

九月丁未日,此日安葬,后世有人被蜈蚣伤,凶。

第三元三月壬子日吉。

第三元四月丁亥日吉。

辰巳方丑寅时大吉。

戊寅年

原文:

音标: mu⁶　ji²　mbe¹　ŋo⁴　qen¹　ŋo²　van¹

直译: 戊　寅　年　五　庚　午　日

意译: 戊寅年五月庚午日，

原文:

音标: hət⁷　ʁaːi³　faːŋ¹　ju⁴　hət⁷　si²　ȶət⁷

直译: 戌　亥　方　酉　戌　时　吉

意译: 戌方、亥方，酉时、戌时，吉。

原文:

音标: ljok⁸　ti⁶　n̠i⁶　ȶaːp⁷　ŋo²　van¹　ȶət⁷

直译: 六　第　二　甲　午　日　吉

意译: 第六元二月甲午日吉。

原文:

音标: n̠i⁶　ti⁶　pjeŋ³　ŋo²　van¹　ȶət⁷

直译: 二　第　丙　午　日　吉

意译: 第二元丙午日吉。

原文：（图形符号）

音标： ŋo⁴　ʈui⁵　ma:u⁴　van¹　ha:i²　ha:m¹ti⁶　kui²ta:u³　çoŋ¹

直译： 五　癸　卯　日　棺　三代　牛角伤　凶

意译： 五月癸卯日,此日安葬,后世三代有人被牛顶死,凶。

原文：（图形符号）

音标： çət⁷　çən¹　çi⁴　van¹　sup⁸　ʔjət⁷　ʈui⁵　ju⁴　van¹　ʈət⁷

直译： 七　辛　巳　日　十　乙　癸　酉　日　吉

意译： 七月辛巳日、十一月癸酉日吉。

原文：（图形符号）

音标： ti⁶　ȵi⁶　sup⁸　ʔjət⁷　ʈi¹　mi⁶　van¹　ʈət⁷

直译： 第　二　十　乙　己　未　日　吉

意译： 第二元十一月己未日吉。

原文：（图形符号）

音标： ȵi⁶　ti⁶　pa:t⁷　mu⁶　sən¹　van¹　ʈət⁷　ȵum²　ji²　van¹

直译： 二　第　八　戊　申　日　吉　壬　寅　日

意译： 第二元八月戊申日、壬寅日吉。

原文：（图形符号）

音标： pa:t⁷　çən¹　ju⁴　van¹　ʈət⁷

直译： 八　辛　酉　日　吉

意译： 八月辛酉日,吉。

水书 六十甲子卷

99

原文：

音标： ha:m¹ qeŋ¹ hət⁷ van¹ tət⁷

直译： 三　庚　戌　日　吉

意译： 三月庚戌日吉。

原文：

音标： sup⁸ ʔjət⁷ qeŋ¹ ji² van¹ tət⁷

直译： 十　乙　庚　寅　日　吉

意译： 十一月庚寅日吉。

篇章意译：

　　戊寅年五月庚午日,戌方、亥方,酉时、戌时,吉。

　　第六元二月甲午日吉。

　　第二元丙午日吉。

　　五月癸卯日,此日安葬,后世三代有人被牛顶死,凶。

　　七月辛巳日、十一月癸酉日吉。

　　第二元十一月己未日吉。

　　第二元八月戊申日、壬寅日吉。八月辛酉日,吉。

　　三月庚戌日吉。

　　十一月庚寅日吉。

庚寅年

原文:

音标: qeŋ¹ ji² mbe¹ ha:m¹ mu⁶ hət⁷ van¹ tət⁷

直译: 庚　寅　年　三　戊　戌　日　吉

意译: 庚寅年三月戊戌日吉,

原文:

音标: sən² fa:ŋ¹ hət⁷ fa:ŋ¹ çi⁴ fa:ŋ¹ ma:u⁴ si² ju⁴ si² tət⁷

直译: 辰　方　戊　方　巳　方　卯　时　酉　时　吉

意译: 辰方、戊方、巳方,卯时、酉时,吉。

原文:

音标: ljok⁸ ti⁶ ʈui⁵ ju⁴ van¹ tət⁷

直译: 六　第　癸　酉　日　吉

意译: 第六元癸酉日吉。

原文:

音标: ha:m¹ ti⁶ ŋo⁴ ŋum² ŋo² van¹ tət⁷

直译: 三　第　五　壬　午　日　吉

意译: 第三元五月壬午日吉。

原文：

音标： ti⁶　ha:m¹　ȶi¹　ʁa:i³　van¹　tət⁷

直译： 第　三　己　亥　日　吉

意译： 第三元己亥日吉。

原文：

音标： ha:m¹　ȵi⁶　ȶa:p⁷　ŋo²　van¹　pjeŋ³　ŋo²　van¹　ha:i²　çoŋ¹

直译： 三　二　甲　午　日　丙　午　日　棺　凶

意译： 三月、二月甲午日、丙午日安葬,凶。

原文：

音标： pa:t⁷　ȵum²　çi³　van¹　tət⁷

直译： 八　壬　子　日　吉

意译： 八月壬子日吉。

原文：

音标： pa:t⁷　ȵum²　ŋo²　van¹　tət⁷

直译： 八　壬　午　日　吉

意译： 八月壬午日吉。

原文：

音标： çi⁵　çi⁵　ti⁶　ȵum²　ji²　van¹　tət⁷

直译： 四　四　第　壬　寅　日　吉

意译： 第四元四月壬寅日吉。

水书

六十甲子卷

篇章意译：

庚寅年三月戊戌日吉,辰方、戌方、巳方,卯时、酉时,吉。

第六元癸酉日吉。

第三元五月壬午日吉。

第三元己亥日吉。

三月、二月甲午日、丙午日安葬,凶。

八月壬子日吉。

八月壬午日吉。

第四元四月壬寅日吉。

壬寅年

原文：（水书符号）

音标：ȵum² ji² mbe¹ çi⁵ ti⁶ çi⁵ ȶa:p⁷ hət⁷ van¹

直译：壬　寅　年　四　第　四　甲　戌　日

意译：壬寅年第四元四月甲戌日，

原文：（水书符号）

音标：ŋo² mi⁶ fa:ŋ¹ ju⁴ hət⁷ van¹si² ȶət⁷

直译：午　未　方　酉　戌　日时　吉

意译：午方、未方，酉日酉时、戌日戌时，吉。

原文：（水书符号）

音标：ti⁶ ŋo⁴ ȶu³ qeŋ¹ ŋo² van¹ ȶət⁷

直译：第　五　九　庚　午　日　吉

意译：第五元九月庚午日吉。

原文：（水书符号）

音标：ti⁶ ha:m¹ ȶui⁵ ju⁴ van¹ ȶət⁷

直译：第　三　癸　酉　日　吉

意译：第三元癸酉日吉。

水书 六十甲子卷

原文：　

音标：　ʦjeŋ¹　ŋo⁴　ȶui⁵　ʁaːi³　van¹　ȶət⁷

直译：　正　　五　　癸　　亥　　日　　吉

意译：　正月、五月癸亥日吉。

原文：　

音标：　sup⁸　ʔjət⁷　ȶaːp⁷　ji²　van¹　pjeŋ³　sən²　van¹　çoŋ¹

直译：　十　　乙　　甲　　寅　　日　　丙　　辰　　日　　凶

意译：　十一月甲寅日、丙辰日凶。

原文：　

音标：　haːm¹　ti⁶　ŋo⁴　ȵum²　ŋo²　van¹　ȶət⁷

直译：　三　　第　　五　　壬　　午　　日　　吉

意译：　第三元五月壬午日吉。

原文：　

音标：　ljok⁸　qeŋ¹　ji²　van¹　paːt⁷　ȶət⁷

直译：　六　　庚　　寅　　日　　八　　吉

意译：　六月、八月庚寅日吉。

原文：　

音标：　ji²　hət⁷　faːŋ¹　maːu⁴　sən²　van¹si²　ȶət⁷

直译：　寅　　戌　　方　　卯　　辰　　日时　　吉

意译：　寅方、戌方、卯日卯时、辰日辰时，吉。

水书 六十甲子卷

105

篇章意译:

壬寅年第四元四月甲戌日,午方、未方,酉日酉时、戌日戌时,吉。

第五元九月庚午日吉。

第三元癸酉日吉。

正月、五月癸亥日吉。

十一月甲寅日、丙辰日凶。

第三元五月壬午日吉。

六月、八月庚寅日吉。寅方、戌方,卯日卯时、辰日辰时,吉。

甲寅年

原文:

音标: ȶa:p⁷ ji² mbe¹ ȶu³ çən¹ su³ van¹ ȶət⁷

直译: 甲　寅　年　九　辛　丑　日　吉

意译: 甲寅年九月辛丑日吉，

原文:

音标: ŋo² mi⁶ fa:ŋ¹ sən² çi⁴ van¹si² ȶət⁷

直译: 午　未　方　辰　巳　日时　吉

意译: 午方、未方，辰日辰时、巳日巳时，吉。

原文:

音标: ti⁶ ŋi⁶ pa:t⁷ ȶa:p⁷ hət⁷ van¹ ȶət⁷

直译: 第　二　八　甲　戌　日　吉

意译: 第二元八月甲戌日吉。

原文:

音标: ljok⁸ ȵum² ji² van¹ ȶət⁷

直译: 六　壬　寅　日　吉

意译: 六月壬寅日吉。

107

原文：

音标：　qeŋ¹　sən¹　van¹　sup⁸　ʔjət⁷　pjeŋ³　ji²　van¹　tət⁷

直译：　庚　　申　　日　　十　　乙　　丙　　寅　　日　　吉

意译：　十一月庚申日、丙寅日吉。

原文：

音标：　çi⁵　ʈaːp⁷　hət⁷　van¹　haːi²　haːi²　çi⁵　çoŋ¹

直译：　四　　甲　　戌　　日　　棺　　棺　　四　　凶

意译：　四月甲戌日安葬犯重丧，主家要连续死四个人，凶。

原文：

音标：　ŋo⁴　ti⁶　ʔjət⁷　ju⁴　van¹　tət⁷

直译：　五　　第　　乙　　酉　　日　　吉

意译：　第五元乙酉日吉。

原文：

音标：　ti⁶　çi⁵　ʈu³　qeŋ¹　çi³　van¹　tət⁷

直译：　第　　四　　九　　庚　　子　　日　　吉

意译：　第四元九月庚子日吉。

原文：

音标：　ji²　hət⁷　çət⁷　ti⁶　ʈaːp⁷　ŋo²　van¹　tət⁷

直译：　寅　　戌　　七　　第　　甲　　午　　日　　吉

意译：　第七元寅戌、甲午日吉。

水书　六十甲子卷

原文：

音标： ji² ma:u⁴ si² ȶət⁷

直译： 寅 卯 时 吉

意译： 寅时、卯时吉。

篇章意译：

甲寅年九月辛丑日吉，午方、未方，辰日辰时、巳日巳时，吉。

第二元八月甲戌日吉。

六月壬寅日吉。

十一月庚申日、丙寅日吉。

四月甲戌日安葬犯重丧，主家要连续死四个人，凶。

第五元乙酉日吉。

第四元九月庚子日吉。

第七元寅戌、甲午日吉。

寅时、卯时吉。

丁 卯 年

原文：

音标： tjeŋ¹ ma:u⁴ mbe¹ çət⁷ ti⁶ ŋo⁴ ȶi¹ ʁa:i³ van¹

直译： 丁 卯 年 丁 第 五 己 亥 日

意译： 丁卯年第七元五月己亥日，

原文：

音标： hət⁷ ʁa:i³ fa:ŋ¹ ji² ma:u⁴ si² ȶət⁷

直译： 戌 亥 方 寅 卯 时 吉

意译： 戌方、亥方，寅时、卯时，吉。

原文：

音标： ti⁶ çi⁵ ȶa:p⁷ hət⁷ van¹ ȶət⁷

直译： 第 四 甲 戌 日 吉

意译： 第四元甲戌日吉。

原文：

音标： sup⁸ tjeŋ¹ mi⁶ van¹ ȶət⁷

直译： 十 丁 未 日 吉

意译： 十月丁未日吉。

水书 六十甲子卷

原文：　

音标：　ti⁶　ljok⁸　çi⁵　ʔjət⁷　ʁaːi³　van¹　tət⁷

直译：　第　六　四　乙　亥　日　吉

意译：　第六元四月乙亥日吉。

原文：　

音标：　ŋo⁴　tjeŋ¹　ʁaːi³　van¹　çi⁵　ʔjət⁷　su³　van¹　haːi²　ŋo⁴　çoŋ¹

直译：　五　丁　亥　日　四　乙　丑　日　棺　五　凶

意译：　五月丁亥日、四月乙丑日安葬犯重丧，主家要连续死五个人，凶。

原文：　

音标：　çi⁵　ti⁶　çi⁵　çən¹　su³　van¹　tət⁷

直译：　四　第　四　辛　丑　日　吉

意译：　第四元四月辛丑日吉。

原文：　

音标：　ti⁶　çi⁵　sup⁸　ʨui⁵　mi⁶　van¹　tət⁷

直译：　第　四　十　癸　未　日　吉

意译：　第四元十月癸未日吉。

原文：　

音标：　mi⁶　sən¹　faːŋ¹　maːu⁴　sən²　si²　tət⁷

直译：　未　申　方　卯　辰　时　吉

意译：　未方、申方，卯时、辰时，吉。

篇章意译：

丁卯年第七元五月己亥日，戌方、亥方，寅时、卯时，吉。

第四元甲戌日吉。

十月丁未日吉。

第六元四月乙亥日吉。

五月丁亥日、四月乙丑日安葬犯重丧，主家要连续死五个人，凶。

第四元四月辛丑日吉。

第四元十月癸未日吉。

未方、申方，卯时、辰时，吉。

己卯年

原文：

音标： ʨi¹ ma:u⁴ mbe¹ ɕi⁵ ti⁶ ɕət⁷ sup⁸ ʈa:p⁷ hət⁷ van¹

直译： 己 卯 年 四 第 丁 十 甲 戌 日

意译： 己卯年第四元七月、十月甲戌日，

原文：

音标： mi⁶ sən¹ fa:ŋ¹ ʁa:i³ ŋo² van¹si² ʈət⁷

直译： 未 申 方 亥 午 日时 吉

意译： 未方、申方，亥日亥时、午日午时，吉。

原文：

音标： ha:m¹ ti⁶ ȵi⁶ ɕən¹ mi⁶ van¹ ʈət⁷

直译： 三 第 二 辛 未 日 吉

意译： 第三元二月辛未日吉。

原文：

音标： ŋo⁴ ti⁶ ɕi⁵ ɕən¹ ʁa:i³ van¹ ʈət⁷

直译： 五 第 四 辛 亥 日 吉

意译： 第五元四月辛亥日吉。

水书 六十甲子卷

113

原文：（水书文字符号）

音标： ŋo⁴ tjeŋ¹ çi⁴ van¹ ŋum² ŋo² van¹ ha:i¹ ŋo⁴hu³ çoŋ¹ çi⁵

直译： 五 丁 巳 日 壬 午 日 棺 "五虎" 凶 四

意译： 五月丁巳日、壬午日"五虎"当值，安葬犯重丧，凶。

原文：（水书文字符号）

音标： sup⁸ ȵi⁶ çən¹ ma:u⁴ van¹ tət⁷

直译： 十 二 辛 卯 日 吉

意译： 十二月辛卯日吉。

原文：（水书文字符号）

音标： çət⁷ ti⁶ çi⁵ sup⁸ ŋum² sən² van¹ tət⁷

直译： 七 第 四 十 壬 辰 日 吉

意译： 第七元四月、十月壬辰日吉。

原文：（水书文字符号）

音标： ti⁶ ȵi⁶ tu³ sup⁸ ȵi⁶ mu⁶ sən¹ van¹ tət⁷

直译： 第 二 九 十 二 戊 申 日 吉

意译： 第二元九月、十二月戊申日，吉。

原文：（水书文字符号）

音标： hət⁷ ʁa:i³ fa:ŋ¹ sup⁸ tui⁵ mi⁶ van¹

直译： 戊 亥 方 十 癸 未 日

意译： 十月癸未日戊方、亥方吉。

114

原文：　

音标：　ma:u⁴ sən² si² ʨət⁷

直译：　卯　　辰　　时　　吉

意译：　卯时、辰时吉。

篇章意译：

己卯年第四元七月、十月甲戌日，未方、申方，亥日亥时、午日午时，吉。

第三元二月辛未日吉。

第五元四月辛亥日吉。

五月丁巳日、壬午日"五虎"当值，安葬犯重丧，凶。

十二月辛卯日吉。

第七元四月、十月壬辰日吉。

第二元九月、十二月戊申日，吉。

十月癸未日戌方、亥方吉。

卯时、辰时吉。

辛 卯 年

原文：

音标： çən¹ ma:u⁴ mbe¹ ŋo⁴ çat⁷ çən¹ ʁa:i³ van¹

直译： 辛 卯 年 五 丁 辛 亥 日

意译： 辛卯年五月、七月辛亥日，

原文：

音标： tsjeŋ¹ ʈui⁵ ma:u⁴ ʈui⁵ mi⁶ van¹ si² hət⁷ ʁa:i³ fa:ŋ¹ tət⁷

直译： 正 癸 卯 癸 未 日 时 戌 亥 方 吉

意译： 正月癸卯日、癸未日，癸卯时、癸未时，戌方、亥方，吉。

原文：

音标： ŋi⁶ ti⁶ çi⁵ ʔjət⁷ ma:u⁴ van¹ tət⁷

直译： 二 第 四 乙 卯 日 吉

意译： 第二元四月乙卯日吉。

原文：

音标： sup⁸ ŋi⁶ mu⁶ sən¹ van¹ tət⁷

直译： 十 二 戊 申 日 吉

意译： 十二月戊申日吉。

水书 六十甲子卷

116

原文：

音标： çi⁵ qeŋ¹ sən² ʋan¹ tət⁷

直译： 四　庚　辰　日　吉

意译： 四月庚辰日吉。

原文：

音标： ŋo⁴ ȵum² ŋo² ʋan¹ ha:m¹ ʔjət⁷ çi⁴ ʋan¹ ha:i² çoŋ¹

直译： 五　壬　午　日　三　乙　巳　日　棺　凶

意译： 五月壬午日、三月乙巳日安葬,凶。

原文：

音标： ti⁶ ha:m¹ tjeŋ¹ ʁa:i³ ʋan¹ tət⁷

直译： 第　三　丁　亥　日　吉

意译： 第三元丁亥日吉。

原文：

音标： çi⁵ ti¹ ʁa:i³ ʋan¹ tət⁷ ji² sən² si² tət⁷

直译： 四　己　亥　日　吉　寅　辰　时　吉

意译： 四月己亥日吉,寅时、辰时吉。

原文：

音标： ti⁶ çət⁷ çən¹ mi⁶ ʋan¹ ʔjət⁷ mi⁶ ʋan¹

直译： 第　七　辛　未　日　乙　未　日

意译： 第七元辛未日、乙未日,

原文:

音标:	çi⁵	ʔjət⁷	su³	van¹	ʔjət⁷	maːu⁴	van¹	tɕət⁷
直译:	四	乙	丑	日	乙	卯	日	吉

意译: 四月乙丑日、乙卯日,吉。

篇章意译:

辛卯年五月、七月辛亥日,正月癸卯日、癸未日,癸卯时、癸未时,戌方、亥方,吉。

第二元四月乙卯日吉。

十二月戊申日吉。

四月庚辰日吉。

五月壬午日、三月乙巳日安葬,凶。

第三元丁亥日吉。

四月己亥日吉,寅时、辰时吉。

第七元辛未日、乙未日,四月乙丑日、乙卯日,吉。

癸卯年

原文：

音标： ʐui⁵ ma:u⁴ mbe¹ çət⁷ çən¹ mi⁶ van¹ ʈət⁷

直译： 癸 卯 年 丁 辛 未 日 吉

意译： 癸卯年七月辛未日吉，

原文：

音标： sən² çi⁴ fa:ŋ¹ su³ sən² van¹ si² ʈət⁷

直译： 辰 巳 方 丑 辰 日 时 吉

意译： 辰方、巳方，丑日丑时、辰日辰时，吉。

原文：

音标： tsjeŋ¹ ʔjət⁷ su³ van¹ ʈət⁷

直译： 正 乙 丑 日 吉

意译： 正月乙丑日吉。

原文：

音标： çət⁷ ti⁶ ȵi⁶ ʔjət⁷ mi⁶ van¹ ʈət⁷ mi⁶ sən¹ fa:ŋ¹ ʈət⁷

直译： 七 第 二 乙 未 日 吉 未 申 方 吉

意译： 第七元二月乙未日吉，未方、申方吉。

原文：

音标： ȵi⁶　 ȶi¹　 mi⁶　 van¹　 tət⁷

直译： 二　 己　 未　 日　 吉

意译： 二月己未日吉。

原文：

音标： çi⁵　 pjeŋ³　 sən²　 van¹　 ljok⁸　 ȶui⁵　 çi⁴　 van¹　 ŋo⁴hu³çoŋ¹

直译： 四　 丙　 辰　 日　 六　 癸　 巳　 日　 "五虎"凶

意译： 四月丙辰日、六月癸巳日，"五虎"当值，凶。

原文：

音标： ti⁶　 ha:m¹　 ȶui⁵　 ju⁴　 van¹　 tət⁷

直译： 第　 三　 癸　 酉　 日　 吉

意译： 第三元癸酉日吉。

原文：

音标： sup⁸　 ȶui⁵　 mi⁶　 van¹　 tət⁷　 çən¹　 ma:u⁴　 van¹　 tət⁷

直译： 十　 癸　 未　 日　 吉　 辛　 卯　 日　 吉

意译： 十月癸未日、辛卯日吉。

原文：

音标： pa:t⁷　 ʔjət⁷　 su³　 van¹　 ŋum²　 sən²　 van¹　 si²　 ma:u⁴　 sən²　 fa:ŋ¹　 tət⁷

直译： 八　 乙　 丑　 日　 壬　 辰　 日　 时　 卯　 辰　 方　 吉

意译： 八月乙丑日、壬辰日，壬辰时，卯方、辰方吉。

水书 六十甲子卷

篇章意译:

　　癸卯年七月辛未日吉,辰方、巳方,丑日丑时、辰日辰时,吉。

　　正月乙丑日吉。

　　第七元二月乙未日吉,未方、申方吉。

　　二月己未日吉。

　　四月丙辰日、六月癸巳日,"五虎"当值,凶。

　　第三元癸酉日吉。

　　十月癸未日、辛卯日吉。

　　八月乙丑日、壬辰日,壬辰时,卯方、辰方吉。

乙卯年

原文：

音标： ʔjət⁷　ma:u⁴　mbe¹　ŋo⁴　tɕui⁵　ʁa:i³　van¹　tət⁷

直译： 乙　　卯　　年　　五　　癸　　亥　　日　　吉

意译： 乙卯年五月癸亥日吉，

原文：

音标： mi⁶　sən²　fa:ŋ¹　ʁa:i³　ɕi³　si²　tət⁷

直译： 未　　申　　方　　亥　　子　　时　　吉

意译： 未方、申方，亥时、子时吉。

原文：

音标： ŋo⁴　ʔjət⁷　ju⁴　van¹　tət⁷

直译： 五　　乙　　酉　　日　　吉

意译： 五月乙酉日吉。

原文：

音标： pa:t⁷　ʔjət⁷　su³　van¹　tət⁷

直译： 八　　乙　　丑　　日　　吉

意译： 八月乙丑日吉。

水书 六十甲子卷

122

原文：

音标：　ti⁶　　ljok⁸　　ȵui⁵　　ju⁴　　van¹　　tət⁷

直译：　第　　六　　癸　　酉　　日　　吉

意译：　第六元癸酉日吉。

原文：

音标：　ljok⁸　　ti⁶　　ȵui⁵　　ma:u⁴　　van¹　　tət⁷

直译：　六　　第　　癸　　卯　　日　　吉

意译：　第六元癸卯日吉。

原文：

音标：　ti⁶　　ȵi⁶　　ȵum²　　ji²　　van¹　　tət⁷

直译：　第　　二　　壬　　寅　　日　　吉

意译：　第二元壬寅日吉。

原文：

音标：　ŋo⁴　　çən¹　　ma:u⁴　　van¹　　tət⁷

直译：　五　　辛　　卯　　日　　吉

意译：　五月辛卯日吉。

原文：

音标：　ŋo⁴　　ȵi¹　　ʁa:i³　　van¹　　tjeŋ¹　　ʁa:i³　　van¹　　ha:i²　　çoŋ¹

直译：　五　　己　　亥　　日　　丁　　亥　　日　　棺　　凶

意译：　五月己亥日、丁亥日安葬,凶。

水书
六十甲子卷

123

篇章意译：

乙卯年五月癸亥日吉，未方、申方，亥时、子时吉。

五月乙酉日吉。

八月乙丑日吉。

第六元癸酉日吉。

第六元癸卯日吉。

第二元壬寅日吉。

五月辛卯日吉。

五月己亥日、丁亥日安葬，凶。

戊辰年

原文：〔水书原文符号〕

音标： mu⁶ sən² mbe¹ ti⁶ çi⁵ sup⁸ ŋi⁶ ʈa:p⁷ sən¹ van¹

直译： 戊　辰　年　第　四　十　二　甲　申　日

意译： 戊辰年第四元十二月甲申日，

原文：〔水书原文符号〕

音标： ma:u⁴ fa:ŋ¹ ʁa:i³ çi³ van¹si² ʈət⁷

直译： 卯　方　亥　子　日时　吉

意译： 卯方，亥日亥时、子日子时，吉。

原文：〔水书原文符号〕

音标： ti⁶ ha:m¹ ʈu³ qeŋ¹ çi³ van¹ ʈət⁷

直译： 第　三　九　庚　子　日　吉

意译： 第三元九月庚子日吉。

原文：〔水书原文符号〕

音标： ti⁶ ŋi⁶ sup⁸ ʔjət⁷ ŋum² çi³ van¹ ʈət⁷

直译： 第　二　十　乙　壬　子　日　吉

意译： 第二元十一月壬子日吉。

原文：

音标： çi⁵　tɹui⁵　ju⁴　van¹　tə⁶khup⁷　ha:i²　çoŋ¹
直译： 四　　癸　　酉　　日　　蜈蚣伤　棺　　凶
意译： 四月癸酉日安葬,后世有人被蜈蚣伤,凶。

原文：

音标： ti⁶　çət⁷　ŋum²　sən¹　van¹　tət⁷
直译： 第　　七　　壬　　申　　日　　吉
意译： 第七元壬申日吉。

原文：

音标： ti⁶　ljok⁸　tɹui⁵　ju⁴　van¹　tət⁷
直译： 第　　六　　癸　　酉　　日　　吉
意译： 第六元癸酉日吉。

原文：

音标： ʁa:i³　çi³　fa:ŋ¹　ma:u⁴　sən²　si²　tət⁷
直译： 亥　子　方　　卯　　辰　　时　　吉
意译： 亥方、子方,卯时、辰时吉。

篇章意译：

戊辰年第四元十二月甲申日,卯方,亥日亥时、子日子时,吉。
第三元九月庚子日吉。

水书
六十甲子卷

126

第二元十一月壬子日吉。

四月癸酉日安葬，后世有人被蜈蚣伤，凶。

第七元壬申日吉。

第六元癸酉日吉。

亥方、子方，卯时、辰时吉。

庚辰年

原文：

音标：　qeŋ¹　sən²　mbe¹　pjeŋ³　sən¹　pjeŋ³　sən²　van¹

直译：　庚　　辰　　年　　丙　　申　　丙　　辰　　日

意译：　庚辰年丙申日、丙辰日，

原文：

音标：　sən²　çi⁴　ŋo²　fa:ŋ¹　ji²　ma:u⁴　su³　si²　tət⁷　tət⁷

直译：　辰　　巳　　午　　方　　寅　　卯　　丑　　时　　吉　　吉

意译：　辰方、巳方、午方，寅时、卯时、丑时，大吉。

原文：

音标：　ti⁶　ljok⁸　çən¹　ʁa:i³　van¹　tət⁷

直译：　第　　六　　辛　　亥　　日　　吉

意译：　第六元辛亥日吉。

原文：

音标：　ti⁶　ʔjət⁷　sup⁸　ʔjət⁷　ta:p⁷　sən²　van¹　tət⁷

直译：　第　　乙　　十　　乙　　甲　　辰　　日　　吉

意译：　第一元十一月甲辰日吉。

水书

六十甲子卷

原文：　

音标：　tɕui⁵　su³　van¹　ha:i⁴　ŋo⁴hu³　ɕoŋ¹

直译：　癸　　丑　　日　　棺　　"五虎"　凶

意译：　癸丑日"五虎"当值，安葬凶。

原文：　

音标：　ti⁶　ɕət⁷　sup⁸　ʔjət⁷　ȵum²　ɕi³　van¹　tɕət⁷

直译：　第　七　十　乙　壬　子　日　吉

意译：　第七元十一月壬子日吉。

原文：　

音标：　sup⁸　ȵi⁶　ȵum²　sən¹　van¹　tɕət⁷

直译：　十　二　壬　申　日　吉

意译：　十二月壬申日吉。

原文：　

音标：　ljok⁸　ȵum²　sən²　ɕi⁵　tɕi¹　ʁa:i³　van¹　tɕət⁷

直译：　六　壬　辰　四　己　亥　日　吉

意译：　六月壬辰日、四月己亥日吉。

篇章意译：

庚辰年丙申日、丙辰日，辰方、巳方、午方，寅时、卯时、丑时，大吉。
第六元辛亥日吉。

水书 六十甲子卷

第一元十一月甲辰日吉。

癸丑日"五虎"当值,安葬凶。

第七元十一月壬子日吉。

十二月壬申日吉。

六月壬辰日、四月己亥日吉。

壬辰年

原文：

音标： $ȵum^2$ $sən^2$ mbe^1 tu^3 $qeŋ^1$ $çi^3$ van^1 $tət^7$

直译： 壬 辰 年 九 庚 子 日 吉

意译： 壬辰年九月庚子日吉，

原文：

音标： $çi^4$ $ŋo^2$ $fa:ŋ^1$ $ma:u^4$ $sən^2$ si^2 $tət^7$

直译： 巳 午 方 卯 辰 时 吉

意译： 巳方、午方，卯时、辰时，吉。

原文：

音标： ti^6 $ljok^8$ $tsjeŋ^1$ tui^5 ju^4 van^1 nju^4 $ȵot^8$ $ʔin^2$ $tət^7$

直译： 第 六 正 癸 酉 日 危 月 燕 宿 吉

意译： 第六元正月癸酉日值危月燕宿，吉。

原文：

音标： $çi^3$ $sən^2$ $fa:ŋ^1$ $ʔjət^7$ mi^6 van^1

直译： 子 辰 方 乙 未 日

意译： 子方、辰方，乙未日，

原文： [图形符号]

音标： ȵum² sən² ljok⁸ sup⁸ ȵi⁶ sən¹ van¹ ȶət⁷

直译： 壬　辰　六　十　二　申　日　吉

意译： 六月壬辰日、十二月申日,吉。

原文： [图形符号]

音标： ŋo⁴ ɕən¹ ʁa:i³ van¹ ȶət⁷

直译： 五　辛　亥　日　吉

意译： 五月辛亥日吉。

原文： [图形符号]

音标： ha:m¹ pjeŋ³ ŋo² van¹ ʔjət⁷ mi⁶ van¹

直译： 三　丙　午　日　乙　未　日

意译： 三月丙午日、乙未日,

原文： [图形符号]

音标： ʔjət⁷ ȶa:p⁷ sən² van¹ ha:i² ma¹ ȶit⁸ ɕoŋ¹

直译： 一　甲　辰　日　棺　狗　伤　凶

意译： 一月甲辰日安葬,后世有人被狗伤,凶。

原文： [图形符号]

音标： ti⁶ ha:m¹ qen¹ sən¹ van¹ ȶət⁷

直译： 第　三　庚　申　日　吉

意译： 第三元庚申日吉。

水书 六十甲子卷

原文：

音标： ha:m¹ ti⁶ tjeŋ¹ ɤa:i³ van¹ ɬət⁷

直译： 三 第 丁 亥 日 吉

意译： 第三元丁亥日吉。

原文：

音标： çət⁷ ȵum² çi³ van¹ ɬət⁷

直译： 七 壬 子 日 吉

意译： 七月壬子日吉。

原文：

音标： ȵum² ŋo² van¹ ɬət⁷

直译： 壬 午 日 吉

意译： 壬午日吉。

篇章意译：

壬辰年九月庚子日吉,巳方、午方,卯时、辰时,吉。

第六元正月癸酉日值危月燕宿,吉。

六月乙未日、壬辰日,子方、辰方,十二月申日,吉。

五月辛亥日吉。

三月丙午日、乙未日,一月甲辰日安葬,后世有人被狗伤,凶。

第三元庚申日吉。

第三元丁亥日吉。

七月壬子日吉。

壬午日吉。

水书

六十甲子卷

甲辰年

原文：

音标：　ȵa:p⁷　sən²　mbe¹　sup⁸　ȵi⁶　ȵum²　sən¹　van¹

直译：　甲　　辰　　年　　十　　二　　壬　　申　　日

意译：甲辰年十二月壬申日，

原文：

音标：　sən²　çi⁴　fa:ŋ¹　ʁa:i³　çi³　si²　ȵət⁷

直译：　辰　　巳　　方　　亥　　子　　时　　吉

意译：辰方、巳方，亥时、子时，吉。

原文：

音标：　ti⁶　ȵi⁶　tsjeŋ¹　ȵui⁵　ju⁴　van¹　ȵət⁷

直译：　第　二　　正　　癸　　酉　　日　　吉

意译：第二元正月癸酉日吉。

原文：

音标：　çi⁵　çən¹　ʁa:i³　van¹　ȵət⁷

直译：　四　辛　　亥　　日　　吉

意译：四月辛亥日吉。

水书 六十甲子卷

原文：

音标： sup^8　qeŋ^1　çi^3　van^1　tət^7

直译： 十　　庚　　子　　日　　吉

意译： 十月庚子日吉。

原文：

音标： ȵi^6　pjeŋ^3　ji^2　tsjeŋ^1　ta:p^7　ŋo^2　van^1　çoŋ^1

直译： 二　　丙　　寅　　正　　甲　　午　　日　　凶

意译： 二月丙寅日、正月甲午日,凶。

原文：

音标： ti^6　ha:m^1　çət^7　ȵum^2　çi^3　van^1　tət^7

直译： 第　　三　　丁　　壬　　子　　日　　吉

意译： 第三元七月壬子日吉。

原文：

音标： çət^7　ti^6　ȵum^2　çi^3　van^1　tət^7

直译： 七　　第　　壬　　子　　日　　吉

意译： 第七元壬子日吉。

原文：

音标： ʁa:i^3　çi^3　fa:ŋ^1　ljok^8　ȵum^2　sən^2　van^1　ma:u^4　sən^2　si^2　tət^7

直译： 亥　　子　　方　　六　　壬　　辰　　日　　卯　　辰　　时　　吉

意译： 六月壬辰日,亥方、子方,卯时、辰时,吉。

水书 六十甲子卷

135

篇章意译:

甲辰年十二月壬申日,辰方、巳方,亥时、子时,吉。

第二元正月癸酉日吉。

四月辛亥日吉。

十月庚子日吉。

二月丙寅日、正月甲午日,凶。

第三元七月壬子日吉。

第七元壬子日吉。

六月壬辰日,亥方、子方,卯时、辰时,吉。

丙 辰 年

原文：

音标： pjeŋ³ sən² mbe¹ çət⁷ ȵum² çi³ van¹ ʈət⁷

直译： 丙　辰　年　七　壬　子　日　吉

意译： 丙辰年七月壬子日吉，

原文：

音标： su³ çi⁴ ŋo² fa:ŋ¹ ma:u⁴ sən² van¹si² ʈət⁷

直译： 丑　巳　午　方　卯　辰　日时　吉

意译： 丑方、巳方、午方，卯日卯时、辰日辰时，吉。

原文：

音标： tsjeŋ¹ ʈui⁵ ma:u⁴ van¹ ʈət⁷

直译： 正　癸　卯　日　吉

意译： 正月癸卯日吉。

原文：

音标： ha:m¹ ti⁶ ŋo² ȵum² ŋo² van¹ ʈət⁷

直译： 三　第　五　壬　午　日　吉

意译： 第三元五月壬午日吉。

水书 六十甲子卷

原文：

音标：sup⁸ ȵi⁶ ɕən¹ maːu⁴ van¹ tət⁷
直译：十　二　辛　卯　日　吉
意译：十二月辛卯日吉。

原文：

音标：ljok⁸ tjeŋ¹ ɕi⁴ van¹ tu³ ɕən¹ mi⁶ van¹ haːi² haːm¹ ɕoŋ¹
直译：六　丁　巳　日　九　辛　未　日　棺　三　凶
意译：六月丁巳日、九月辛未日安葬犯重丧，主家要连续死三个人，凶。

原文：

音标：ti⁶ ɕət⁷ qeŋ¹ ɕi³ van¹ tət⁷
直译：第　七　庚　子　日　吉
意译：第七元庚子日吉。

原文：

音标：ɕi⁵ ɕən¹ ʁaːi³ van¹ tət⁷
直译：四　辛　亥　日　吉
意译：四月辛亥日吉。

原文：

音标：ti⁶ ŋo⁴ ʔjət⁷ su³ van¹ tət⁷
直译：第　五　乙　丑　日　吉
意译：第五元乙丑日吉。

原文：

音标： ma:u⁴ sən² fa:ŋ¹ ma:u⁴ si² sən² si²

直译： 卯 辰 方 卯 时 辰 时

意译： 卯方、辰方,卯时、辰时(吉)。

篇章意译:

丙辰年七月壬子日吉,丑方、巳方、午方,卯日卯时、辰日辰时,吉。

正月癸卯日吉。

第三元五月壬午日吉。

十二月辛卯日吉。

六月丁巳日、九月辛未日安葬犯重丧,主家要连续死三个人,凶。

第七元庚子日吉。

四月辛亥日吉。

第五元乙丑日吉。

卯方、辰方,卯时、辰时(吉)。

己巳年

原文：（水书符号）

音标： ȵi¹   çi⁴   mbe¹ tsjeŋ¹ tui⁵   ju⁴   van¹   tət⁷

直译： 己   巳   年   正   癸   酉   日   吉

意译：己巳年正月癸酉日吉，

原文：（水书符号）

音标： su³   ji²   fa:ŋ¹ ma:u⁴ sən²   si²   tət⁷

直译： 丑   寅   方   卯   辰   时   吉

意译：丑方、寅方，卯时、辰时，吉。

原文：（水书符号）

音标： tsjeŋ¹ ȵi¹   ju⁴   van¹   tət⁷

直译： 正   己   酉   日   吉

意译：正月己酉日吉。

原文：（水书符号）

音标： ti⁶   ŋo⁴   çən¹   su³   van¹   tət⁷

直译： 第   五   辛   丑   日   吉

意译：第五元辛丑日吉。

原文：

音标：	pa:t⁷	çən¹	su³	van¹	ha:i²	ŋo⁴hu³	çoŋ¹
直译：	八	辛	丑	日	棺	"五虎"	凶

意译：八月辛丑日"五虎"当值，安葬凶。

原文：

音标：	ti⁶	ljok⁸	ŋum²	sən²	van¹	ʈət⁷
直译：	第	六	壬	辰	日	吉

意译：第六元壬辰日吉。

原文：

音标：	ʔjət⁷	ti⁶	çi⁵	ʈi¹	ʁa:i³	van¹	ʈət⁷
直译：	一	第	四	己	亥	日	吉

意译：第一元四月己亥日吉。

原文：

音标：	ha:m¹	ʔjət⁷	ju⁴	van¹	ʈət⁷	ju⁴	hət⁷	fa:ŋ¹	ʈət⁷
直译：	三	乙	酉	日	吉	酉	戌	方	吉

意译：三月乙酉日吉，酉方、戌方吉。

篇章意译：

己巳年正月癸酉日吉，丑方、寅方，卯时、辰时，吉。
正月己酉日吉。

水书

六十甲子卷

第五元辛丑日吉。

八月辛丑日"五虎"当值,安葬凶。

第六元壬辰日吉。

第一元四月己亥日吉。

三月乙酉日吉,酉方、戌方吉。

水书

辛巳年

原文:

| 音标: | çən¹ | çi⁴ | mbe¹ | ha:m¹ | ti⁶ | ʔjət⁷ | ju⁴ | van¹ | tət⁷ |

音标: çən^1 çi^4 mbe^1 ha:m^1 ti^6 ʔjət^7 ju^4 van^1 tət^7

直译: 辛 巳 年 三 第 乙 酉 日 吉

意译: 辛巳年第三元乙酉日吉,

原文:

音标: çi^3 su^3 fa:ŋ^1 çi^3 su^3 si^2 tət^7

直译: 子 丑 方 子 丑 时 吉

意译: 子方、丑方,子时、丑时,吉。

原文:

音标: ŋo^4 ti^6 çi^5 ʔjət^7 su^3 van^1 tət^7

直译: 五 第 四 乙 丑 日 吉

意译: 第五元四月乙丑日吉。

原文:

音标: ti^6 ljok^8 çən^1 ʁa:i^3 van^1 tət^7

直译: 第 六 辛 亥 日 吉

意译: 第六元辛亥日吉。

水书

六十甲子卷

143

原文：（图形符号）

音标：ȶu³ tjeŋ¹ ma:u⁴ van¹ ȵi⁶ çən¹ mi⁶ van¹ ha:i² tə⁶khup⁷ çoŋ¹

直译：九　丁　卯　日　二　辛　未　日　棺　蜈蚣伤　凶

意译：九月丁卯日、二月辛未日安葬，后世有人被蜈蚣伤，凶。

原文：（图形符号）

音标：çi⁵ tjeŋ¹ su³ van¹ pa:t⁷ ȶui⁵ su³ van¹ ji² ma:u⁴ si² ȶət⁷

直译：四　丁　丑　日　八　癸　丑　日　寅　卯　时　吉

意译：四月丁丑日、八月癸丑日，寅时、卯时，吉。

原文：（图形符号）

音标：ti⁶ ʔjət⁷ ȶi¹ ju⁴ van¹ ȶət⁷

直译：第　乙　己　酉　日　吉

意译：第一元己酉日吉。

原文：（图形符号）

音标：sup⁸ çən¹ ju⁴ van¹ ȶət⁷

直译：十　辛　酉　日　吉

意译：十月辛酉日吉。

原文：（图形符号）

音标：sən² çi⁴ fa:ŋ¹ ȶət⁷

直译：辰　巳　方　吉

意译：辰方、巳方吉。

水书　六十甲子卷

篇章意译:

　　辛巳年第三元乙酉日吉,子方、丑方,子时、丑时,吉。

　　第五元四月乙丑日吉。

　　第六元辛亥日吉。

　　九月丁卯日、二月辛未日安葬,后世有人被蜈蚣伤,凶。

　　四月丁丑日、八月癸丑日,寅时、卯时,吉。

　　第一元己酉日吉。

　　十月辛酉日吉。

　　辰方、巳方吉。

水书
六十甲子卷

癸巳年

原文：〔水书符号〕

音标：ʈui⁵ çi⁴ mbe¹ ʈu³ çən¹ ju⁴ van¹

直译：癸　巳　年　九　辛　酉　日

意译：癸巳年九月辛酉日，

原文：〔水书符号〕

音标：su³ ji² faːŋ¹ ʁaːi³ çi³ faːŋ¹ maːu⁴ sən² van¹ si² ʈət⁷

直译：丑　寅　方　亥　子　方　卯　辰　日　时　吉

意译：丑方、寅方、亥方、子方，卯日卯时、辰日辰时，吉。

原文：〔水书符号〕

音标：ɲi⁶ ti⁶ çi⁵ tjeŋ¹ su³ van¹ ʈət⁷

直译：二　第　四　丁　丑　日　吉

意译：第二元四月丁丑日吉。

原文：〔水书符号〕

音标：paːt⁷ tjeŋ¹ su³ van¹ ʈət⁷ sup⁸ çən¹ mi⁶ ʈət⁷

直译：八　丁　丑　日　吉　十　辛　未　吉

意译：八月丁丑日、十月辛未日吉。

水书
六十甲子卷

原文：

音标： pa:t⁷ ʔjət⁷ mi⁶ van¹ çi⁵ tjeŋ¹ ʁa:i³ van¹ ha:i² ku³ qon⁴ ku³ qon⁴ çoŋ¹

直译： 八　乙　未　日　四　丁　亥　日　棺　"姑短""姑短"　凶

意译： 八月乙未日、四月丁亥日"姑短"当值,安葬凶。

原文：

音标： çi⁵　ti⁶　ʈui⁵　su³　van¹　tət⁷

直译： 四　第　癸　丑　日　吉

意译： 第四元癸丑日吉。

原文：

音标： tsjeŋ¹　çi⁵　çən¹　su³　van¹　tət⁷

直译： 正　四　辛　丑　日　吉

意译： 正月、四月辛丑日吉。

原文：

音标： tsjeŋ¹　ʈui⁵　ju⁴　van¹　tət⁷

直译： 正　癸　酉　日　吉

意译： 正月癸酉日吉。

原文：

音标： ʈi¹　ju⁴　ha:m¹　tjeŋ¹　çi⁴　van¹　tət⁷

直译： 己　酉　三　丁　巳　日　吉

意译： 三月己酉日、丁巳日吉。

水书 六十甲子卷

147

篇章意译:

癸巳年九月辛酉日,丑方、寅方、亥方、子方,卯日卯时、辰日辰时,吉。

第二元四月丁丑日吉。

八月丁丑日、十月辛未日吉。

八月乙未日、四月丁亥日"姑短"当值,安葬凶。

第四元癸丑日吉。

正月、四月辛丑日吉。

正月癸酉日吉。

三月己酉日、丁巳日吉。

乙巳年

原文:

音标: ʔjət⁷ çi⁴ mbe¹ çi⁵ ʈui⁵ su³ van¹ çən¹ su³ van¹

直译: 乙　巳　年　四　癸　丑　日　辛　丑　日

意译: 乙巳年四月癸丑日、辛丑日，

原文:

音标: ʁa:i³ su³ fa:ŋ¹ ʁa:i³ ji² si² ʈət⁷

直译: 亥　丑　方　亥　寅　时　吉

意译: 亥方、丑方，亥时、寅时，吉。

原文:

音标: çət⁷ ti⁶ tjeŋ¹ ʔjət⁷ ju⁴ van¹ ʈət⁷

直译: 七　第　丁　乙　酉　日　吉

意译: 第七元丁乙酉日吉。

原文:

音标: tsjeŋ¹ ʔjət⁷ ju⁴ van¹ ʈət⁷

直译: 正　乙　酉　日　吉

意译: 正月乙酉日吉。

原文：
音标： çi⁵　çən¹　ʁaːi³　van¹　tət⁷
直译： 四　辛　亥　日　吉
意译： 四月辛亥日吉。

原文：
音标： ȵi⁶　çən¹　mi⁶　van¹　qeŋ¹　çi³　van¹　haːi²　haːi²　çoŋ¹
直译： 二　辛　未　日　庚　子　日　棺　棺　凶
意译： 二月辛未日、庚子日安葬犯重丧,凶。

原文：
音标： tsjeŋ¹　ȶui⁵　ju⁴　van¹　tət⁷　ȵum²　çi³　van¹
直译： 正　癸　酉　日　吉　壬　子　日
意译： 正月癸酉日、壬子日吉。

原文：
音标： haːm¹　ȶi¹　ȶui⁵　çən¹　çi⁴　van¹　tət⁷
直译： 三　己　癸　辛　巳　日　吉
意译： 三月己巳日、癸巳日、辛巳日,吉。

原文：
音标： ti⁶　ʔjət⁷　sup⁸　ʔjət⁷　ʔjət⁷　taːp⁷　sən¹　van¹　tət⁷
直译： 第　乙　十　乙　乙　甲　申　日　吉
意译： 第一元十一月、一月甲申日吉。

水书 六十甲子卷

原文：

音标：　ti⁶　ʔjət⁷　tsjeŋ¹　çən¹　ju⁴　van¹　tət⁷

直译：　第　乙　正　辛　酉　日　吉

意译：　第一元正月辛酉日吉。

原文：

音标：　ji²　fa:ŋ¹　ma:u⁴　sən²　si²　tət⁷

直译：　寅　方　卯　辰　时　吉。

意译：　寅方，卯时、辰时，吉。

篇章意译：

　乙巳年四月癸丑日、辛丑日，亥方、丑方，亥时、寅时，吉。

　第七元丁乙酉日吉。

　正月乙酉日吉。

　四月辛亥日吉。

　二月辛未日、庚子日安葬犯重丧，凶。

　正月癸酉日、壬子日吉。

　三月己巳日、癸巳日、辛巳日，吉。

　第一元十一月、一月甲申日吉。

　第一元正月辛酉日吉。

　寅方，卯时、辰时，吉。

水书 六十甲子卷

151

丁巳年

原文：〔水书原文符号〕

音标：tjeŋ¹　çi⁴　mbe¹　çi⁵　çən¹　ma:u³　van¹

直译：丁　巳　年　四　辛　卯　日

意译：丁巳年四辛卯日，

原文：〔水书原文符号〕

音标：çi³　su³　fa:ŋ¹　su³　si²　ma:u⁴　sən²　van¹si²　tət⁷

直译：子　丑　方　丑　时　卯　辰　日时　吉

意译：子方、丑方，丑时、卯日卯时、辰日辰时，吉。

原文：〔水书原文符号〕

音标：qeŋ¹　ji²　van¹　tət⁷

直译：庚　寅　日　吉

意译：庚寅日吉。

原文：〔水书原文符号〕

音标：ti⁶　ŋo⁴　ʔjət⁷　su³　van¹　tət⁷

直译：第　五　乙　丑　日　吉

意译：第五元乙丑日吉。

水书

六十甲子卷

原文：

音标： ha:m¹ çən¹ ma:u⁴ van¹ tət⁷

直译： 三　辛　卯　日　吉

意译： 三月辛卯日吉。

原文：

音标： çi⁵　çən¹　ʁa:i³　van¹　tət⁷

直译： 四　辛　亥　日　吉

意译： 四月辛亥日吉。

原文：

音标： pa:t⁷ ti¹ su³ van¹ ŋo⁴ ȵum² ŋo² van¹ ha:m¹ ha:i² çoŋ¹

直译： 八　己　丑　日　五　壬　午　日　三　棺　凶

意译： 八月己丑日、五月壬午日安葬犯重丧,主家要连续死三个人,凶。

原文：

音标： ȵi⁶　ti⁶　ȵum²　sən²　van¹　tət⁷

直译： 二　第　壬　辰　日　吉

意译： 第二元壬辰日吉。

原文：

音标： çi⁵　tui⁵　ʁa:i³　van¹　tət⁷

直译： 四　癸　亥　日　吉

意译： 四月癸亥日吉。

水书

六十甲子卷

153

原文：

音标： ha:m¹ çən¹ çi⁴ van¹ ʈui⁵ çi⁴ van¹ tət⁷

直译： 三　辛　巳　日　癸　己　日　吉

意译： 三月辛巳日、癸己日吉。

原文：

音标： ti⁶ ȵi⁶ tsjeŋ¹ ʈui⁵ ju⁴ van¹ tət⁷

直译： 第　二　正　癸　酉　日　吉

意译： 第二元正月癸酉日吉。

原文：

音标： ti⁶ ha:m¹ ʈi¹ çi⁴ van¹ tət⁷

直译： 第　三　己　巳　日　吉

意译： 第三元己巳日吉。

篇章意译：

丁巳年四月辛卯日，子方、丑方，丑时、卯日卯时、辰日辰时，吉。

庚寅日吉。

第五元乙丑日吉。

三月辛卯日吉。

四月辛亥日吉。

八月己丑日、五月壬午日安葬犯重丧，主家要连续死三个人，凶。

第二元壬辰日吉。

四月癸亥日吉。

三月辛巳日、癸己日吉。

第二元正月癸酉日吉。

第三元己巳日吉。

154

庚午年

原文：

音标： qeŋ¹ ŋo² mbe¹ ti⁶ ljok⁸ pjeŋ³ ji² van¹ ȵət⁷

直译： 庚 午 年 第 六 丙 寅 日 吉

意译： 庚午年第六元丙寅日吉，

原文：

音标： ji² ma:u⁴ fa:ŋ¹ su³ ji² si² ȵət⁷ ȵət⁷

直译： 寅 卯 方 丑 寅 时 吉 吉

意译： 寅方、卯方，丑时、寅时，大吉。

原文：

音标： çi⁵ ti⁶ çi⁵ ȵa:p⁷ hət⁷ van¹ ȵət⁷

直译： 四 第 四 甲 戌 日 吉

意译： 第四元四月甲戌日吉。

原文：

音标： ŋo⁴ çən¹ ʁa:i³ van¹ ȵət⁷

直译： 五 辛 亥 日 吉

意译： 五月辛亥日吉。

水书 六十甲子卷

155

原文：（图形符号）

音标： ŋo⁴ n̠um² ŋo² van¹ tət⁷

直译： 五   壬   午   日   吉

意译： 五月壬午日吉。

原文：（图形符号）

音标： t̠u³ tjeŋ¹ mi⁶ van¹ ha:i² ha:i² çoŋ¹

直译： 九   丁   未   日   棺   棺   凶

意译： 九月丁未日安葬犯重丧，凶。

原文：（图形符号）

音标： ʔjət⁷ ti⁶ çən¹ su³ van¹ tət⁷

直译： 乙   第   辛   丑   日   吉

意译： 第一元辛丑日吉。

原文：（图形符号）

音标： ti⁶ ljok⁸ pjeŋ³ sən² van¹ tət⁷

直译： 第   六   丙   辰   日   吉

意译： 第六元丙辰日吉。

原文：（图形符号）

音标： ŋo⁴ ti⁶ qeŋ¹ ji² van¹ tət⁷

直译： 五   第   庚   寅   日   吉

意译： 第五元庚寅日吉。

原文：

音标：ji² hət⁷ fa:ŋ¹ ji² ma:u⁴ si² tȿət⁷

直译：寅　戌　方　寅　卯　时　吉

意译：寅方、戌方，寅时、卯时，吉。

篇章意译：

庚午年第六元丙寅日吉，寅方、卯方，丑时、寅时，大吉。

第四元四月甲戌日吉。

五月辛亥日吉。

五月壬午日吉。

九月丁未日安葬犯重丧，凶。

第一元辛丑日吉。

第六元丙辰日吉。

第五元庚寅日吉。

寅方、戌方，寅时、卯时，吉。

水书
六十甲子卷

157

壬午年

原文：（图形文字）

音标： ȵum² ŋo² mbe¹ ha:m¹ mu⁶ hət⁷ van¹ ȶət⁷

直译： 壬　午　年　三　戊　戌　日　吉

意译： 壬午年三月戊戌日吉，

原文：（图形文字）

音标： ju⁴ hət⁷ ji² fa:ŋ¹ mi⁶ sən¹ si² ȶət⁷

直译： 酉　戌　寅　方　未　申　时　吉

意译： 酉方、戌方、寅方，未时、申时，吉。

原文：（图形文字）

音标： ȶu³ qeŋ¹ ŋo² van¹ ȶət⁷

直译： 九　庚　午　日　吉

意译： 九月庚午日吉。

原文：（图形文字）

音标： ti⁶ ȵi⁶ qeŋ¹ hət⁷ van¹ ȶət⁷

直译： 第　二　庚　戌　日　吉

意译： 第二元庚戌日吉。

原文：　⊹　二　𝌆　𝌆　●　𝌅

音标：　sup⁸　n̠i⁶　qeŋ¹　ji²　van¹　t̠ət⁷

直译：　十　二　庚　寅　日　吉

意译：　十二月庚寅日吉。

原文：　二　丁　禾　○　⊹　二　甲　申　○　⊟　✕　川

音标：　n̠i⁶　tjeŋ¹　mi⁶　van¹　sup⁸　n̠i⁶　t̠a:p⁷　sən¹　van¹　ha:i²　çoŋ¹　ŋo⁴

直译：　二　丁　未　日　十　二　甲　申　日　棺　凶　五

意译：　二月丁未日、十二月甲申日安葬犯重丧，主家要连续死五个人，凶。

原文：　乀　屵　二　丁　乀　禾　●　𝌅

音标：　ʔjət⁷　ti⁶　n̠i⁶　tjeŋ¹　ʔjət⁷　mi⁶　van¹　t̠ət⁷

直译：　乙　第　二　丁　乙　未　日　吉

意译：　第一元二月丁未日、乙未日吉。

原文：　三　屵　乀　夗　●　𝌅

音标：　ha:m¹　ti⁶　ʔjət⁷　ma:u⁴　van¹　t̠ət⁷

直译：　三　第　乙　卯　日　吉

意译：　第三元乙卯日吉。

原文：　正　癸　酉　○　丁　⊹　二　乚　⊙　乚　●　𝌅

音标：　tsjeŋ¹　t̠ui⁵　ju⁴　van¹　çət⁷　sup⁸　ʔjət⁷　çən¹　çi⁴　van¹　ʔjət⁷　çi⁴　van¹　t̠ət⁷

直译：　正　癸　酉　日　七　十　乙　辛　巳　日　乙　巳　日　吉

意译：　正月癸酉日，七月、十一月辛巳日、乙巳日，吉。

159

水书 六十甲子卷

篇章意译:

壬午年三月戊戌日吉,酉方、戌方、寅方,未时、申时,吉。

九月庚午日吉。

第二元庚戌日吉。

十二月庚寅日吉。

二月丁未日、十二月甲申日安葬犯重丧,主家要连续死五个人,凶。

第一元二月丁未日、乙未日吉。

第三元乙卯日吉。

正月癸酉日,七月、十一月辛巳日、乙巳日,吉。

甲午年

原文： 甲午年四甲戌日吉符号

音标：	ʨa:p⁷	ŋo²	mbe¹	ɕi⁵	ʨa:p⁷	hət⁷	van¹	ʨət⁷
直译：	甲	午	年	四	甲	戌	日	吉

意译： 甲午年四月甲戌日吉，

原文： 符号

音标：	ŋo²	ʔjət⁷	mi⁶	ɕi⁵	fa:ŋ¹	mi⁶	sən¹	si²	ʨət⁷
直译：	午	一	未	四	方	未	申	时	吉

意译： 一月午方、未方，四月未时、申时，吉。

原文： 符号

音标：	ŋi⁶	ti⁶	ȵum²	sən²	van¹	ʨət⁷
直译：	二	第	壬	辰	日	吉

意译： 第二元壬辰日吉。

原文： 符号

音标：	ɕi⁵	ʔjət⁷	ʁa:i³	van¹	ʨət⁷	ma:u⁴	sən²	si²	ʨət⁷
直译：	四	乙	亥	日	吉	卯	辰	时	吉

意译： 四月乙亥日吉，卯时、辰时吉。

水书 六十甲子卷

161

原文：（图形符号）

音标：ȵi⁶　ʔjət⁷　mi⁶　van¹　ljok⁸　ŋum²　ji²　van¹　tɕət⁷

直译：二　乙　未　日　六　壬　寅　日　吉

意译：二月乙未日、六月壬寅日吉。

原文：（图形符号）

音标：sup⁸　ʔjət⁷　pjeŋ³　ji²　van¹　sup⁸　ȵi⁶　sən¹　van¹　ŋo⁴hu³　çoŋ¹

直译：十　乙　丙　寅　日　十　二　申　日　"五　虎"　凶

意译：十一月丙寅日、十二月申日"五虎"当值，凶。

原文：（图形符号）

音标：su³　ji²　fa:ŋ³　ŋum²　pa:t⁷　tjeŋ¹　su³　van¹　tɕət⁷

直译：丑　寅　方　壬　八　丁　丑　日　吉

意译：八月丁丑日，丑方、寅方、壬方，吉。

原文：（图形符号）

音标：ljok⁸　ti⁶　qeŋ¹　hət⁷　van¹　tɕət⁷

直译：六　第　庚　戌　日　吉

意译：第六元庚戌日吉。

原文：（图形符号）

音标：ʔjət⁷　ti⁶　çi⁵　ʔjət⁷　su³　van¹　tɕət⁷

直译：一　第　四　乙　丑　日　吉

意译：第一元四月乙丑日吉。

原文：　

音标：　ti⁶　　ŋo⁴　　qeŋ¹　　ŋo²　　van¹　　tət⁷

直译：　第　　五　　庚　　午　　日　　吉

意译：　第五元庚午日吉。

篇章意译：

甲午年四月甲戌日吉，一月午方、未方，四月未时、申时，吉。

第二元壬辰日吉。

四月乙亥日吉，卯时、辰时吉。

二月乙未日、六月壬寅日吉。

十一月丙寅日、十二月申日"五虎"当值，凶。

八月丁丑日，丑方、寅方、壬方，吉。

第六元庚戌日吉。

第一元四月乙丑日吉。

第五元庚午日吉。

丙 午 年

原文：

音标：　pjeŋ³　　ŋo²　　mbe¹　　ti⁶　　çi⁵　　ʈa:p⁷　　hət⁷　　van¹

直译：　丙　　　午　　年　　第　　四　　甲　　　戌　　日

意译：　丙午年第四元甲戌日，

原文：

音标：　ʁa:i³　　su³　　ji²　　fa:ŋ¹　　mi⁶　　hət⁷　　si²　　ʈət⁷

直译：　亥　　　丑　　寅　　方　　　未　　戌　　时　　吉

意译：　亥方、丑方、寅方，未时、戌时，吉。

原文：

音标：　n̠i⁶　　ti⁶　　n̠i⁶　　ʔjət⁷　　mi⁶　　van¹　　ʈət⁷

直译：　二　　第　　二　　乙　　　未　　日　　吉

意译：　第二元二月乙未日吉。

原文：

音标：　ti⁶　　çi⁵　　çən¹　　ʁa:i³　　van¹　　ʈət⁷

直译：　第　　四　　辛　　亥　　　日　　吉

意译：　第四元辛亥日吉。

原文：　［图形文字］

音标：　ʨu³　qeŋ¹　ŋo²　van¹　tət⁷
直译：　九　　庚　　午　　日　　吉
意译：　九月庚午日吉。

原文：　［图形文字］

音标：　çət⁷　pjeŋ³　ŋo²　van¹　mu⁶　çi³　van¹　kuŋ²　ma¹　ʨit⁸　tə⁶khup⁷　çoŋ¹
直译：　七　　丙　　午　　日　　戊　　子　　日　　多　　狗伤　　蜈蚣伤　　凶
意译：　七月丙午日、戊子日，多狗、蜈蚣伤，凶。

原文：　［图形文字］

音标：　pa:t⁷　tjeŋ¹　su³　van¹　ta:p⁷　ji²　van¹　çət⁷　ʔjət⁷　mi⁶　van¹　tət⁷
直译：　八　　丁　　丑　　日　　甲　　寅　　日　　七　　乙　　未　　日　　吉
意译：　八月丁丑日、甲寅日，七月乙未日，吉。

原文：　［图形文字］

音标：　ti⁶　ȵi⁶　ȵum²　qeŋ¹　ji²　van¹　tət⁷
直译：　第　　二　　壬　　庚　　寅　　日　　吉
意译：　第二元壬寅日、庚寅日吉。

原文：　［图形文字］

音标：　ha:m¹　ti⁶　ȵi⁶　ȵum²　çi³　van¹　tət⁷
直译：　三　　第　　二　　壬　　子　　日　　吉
意译：　第三元二月壬子日吉。

水书　六十甲子卷

原文：　

音标：　ti⁶　　ha:m¹　tjeŋ¹　su³　van¹　tət⁷

直译：　第　　三　　丁　　丑　　日　　吉

意译：　第三元丁丑日吉。

原文：　

音标：　ŋo⁴　　n̩um²　ŋo²　van¹　tət⁷

直译：　五　　壬　　午　　日　　吉

意译：　五月壬午日吉。

篇章意译：

　　丙午年第四元甲戌日，亥方、丑方、寅方，未时、戌时，吉。

　　第二元二月乙未日吉。

　　第四元辛亥日吉。

　　九月庚午日吉。

　　七月丙午日、戊子日，多狗、蜈蚣伤，凶。

　　八月丁丑日、甲寅日，七月乙未日，吉。

　　第二元壬寅日、庚寅日吉。

　　第三元二月壬子日吉。

　　第三元丁丑日吉。

　　五月壬午日吉。

水书 六十甲子卷

戊午年

原文：

音标： mu^6 ŋo^2 mbe^1 ɕət^7 ɕi^5 ʈa:p^7 hət^7 van^1

直译： 戊 午 年 七 四 甲 戌 日

意译： 戊午年七月、四月甲戌日，

原文：

音标： ju^4 hət^7 fa:ŋ^1 hət^7 ʁa:i^3 si^2 ʈət^7 ȵa^1 ma:u^4 sən^2 si^2 van^1 si^2 ʈət^7

直译： 酉 戌 方 戌 亥 时 吉 二 卯 辰 时 日 时 吉

意译： 酉方、戌方，戌时、亥时，二月卯日卯时、辰日辰时，吉。

原文：

音标： ŋo^4 ɕən^1 ʁa:i^3 van^1 ʈət^7

直译： 五 辛 亥 日 吉

意译： 五月辛亥日吉。

原文：

音标： ʈu^3 mu^6 ɕi^3 van^1 ʈət^7

直译： 九 戊 子 日 吉

意译： 九月戊子日吉。

水书 六十甲子卷

原文：〔原文符号〕

音标：çət⁷ ti⁶ ɳum² ŋo² van¹ ɬət⁷

直译：　七　第　壬　午　日　吉

意译：第七元壬午日吉。

原文：〔原文符号〕

音标：ŋo⁴ tjeŋ¹ ʁa:i³ van¹ ɬət⁷

直译：　五　丁　亥　日　吉

意译：五月丁亥日吉。

原文：〔原文符号〕

音标：ljok⁸ çən¹ ʁa:i³ van¹ sup⁸ ɳi⁶ ta:p⁷ sən¹ van¹ ha:i² tə⁶khup⁷ çoŋ¹

直译：　六　辛　亥　日　十　二　甲　申　日　棺　蜈蚣伤　凶

意译：六月辛亥日、十二月甲申日安葬，后世有人被蜈蚣伤，凶。

原文：〔原文符号〕

音标：ɳi⁶ ti⁶ ɳi⁶ qeŋ¹ ji² van¹ ɬət⁷ qeŋ¹ ŋo² van¹ ɬət⁷

直译：　二　第　二　庚　寅　日　吉　庚　午　日　吉

意译：第二元二月庚寅日、庚午日吉。

原文：〔原文符号〕

音标：ti⁶ ha:m¹ tjeŋ¹ su³ van¹ ɬət⁷

直译：　第　三　丁　丑　日　吉

意译：第三元丁丑日吉。

水书 六十甲子卷

原文：　

音标：　pa:t⁷　tjeŋ¹　su³　van¹　ȵi¹　mi⁶　van¹　tət⁷

直译：　八　　丁　　丑　日　己　未　日　吉

意译：　八月丁丑日、己未日吉。

篇章意译：

　　戊午年七月、四月甲戌日，酉方、戌方，戌时、亥时，二月卯日卯时、辰日辰时，吉。

　　五月辛亥日吉。

　　九月戊子日吉。

　　第七元壬午日吉。

　　五月丁亥日吉。

　　六月辛亥日、十二月甲申日安葬，后世有人被蜈蚣伤，凶。

　　第二元二月庚寅日、庚午日吉。

　　第三元丁丑日吉。

　　八月丁丑日、己未日吉。

水书

六十甲子卷

辛 未 年

原文:　[水书符号]

音标:　çən^1　mi^6　mbe^1　çi^5　ʔjət^7　ʁaːi^3　van^1　tət^7

直译:　辛　未　年　四　乙　亥　日　吉

意译:　辛未年四月乙亥日吉，

原文:　[水书符号]

音标:　mi^6　sən^1　faːŋ^1　ŋo^2　mi^6　si^2　tət^7

直译:　未　申　方　午　未　时　吉

意译:　未方、申方，午时、未时，吉。

原文:　[水书符号]

音标:　çi^5　çən^1　ʁaːi^3　van^1　tət^7

直译:　四　辛　亥　日　吉

意译:　四月辛亥日吉。

原文:　[水书符号]

音标:　ŋo^4　ʈui^5　ʁaːi^3　van^1　tət^7

直译:　五　癸　亥　日　吉

意译:　五月癸亥日吉。

原文：

音标： çi⁵　ti⁶　tjeŋ¹　su³　van¹　tət⁷

直译： 四　第　丁　丑　日　吉

意译： 第四元丁丑日吉。

原文：

音标： sup⁸　ʔjət⁷　ju⁴　van¹　ha:i²　çoŋ¹

直译： 十　乙　酉　日　棺　凶

意译： 十月乙酉日安葬，凶。

原文：

音标： ʁa:i³　çi³　fa:ŋ¹　ma:u⁴　sən²　si²　tət⁷

直译： 亥　子　方　卯　辰　时　吉

意译： 亥方、子方，卯时、辰时，吉。

原文：

音标： ti⁶　ʔjət⁷　çən¹　su³　van¹　tət⁷

直译： 第　乙　辛　丑　日　吉

意译： 第一元辛丑日吉。

原文：

音标： ti⁶　çi⁵　sup⁸　ʔjət⁷　mi⁶　van¹　tət⁷

直译： 第　四　十　乙　未　日　吉

意译： 第四元十月乙未日吉。

水书

六十甲子卷

171

原文：

音标： ҫət⁷ ʈui⁵ mi⁶ van¹ ʈət⁷

直译： 七 癸 未 日 吉

意译： 七月癸未日吉。

原文：

音标： ti⁶ ljok⁸ ʈui⁵ ҫən¹ ma:u⁴ van¹ ʈət⁷

直译： 第 六 癸 辛 卯 日 吉

意译： 第六元癸卯日、辛卯日吉。

篇章意译：

辛未年四月乙亥日吉，未方、申方，午时、未时，吉。

四月辛亥日吉。

五月癸亥日吉。

第四元丁丑日吉。

十月乙酉日安葬，凶。

亥方、子方，卯时、辰时，吉。

第一元辛丑日吉。

第四元十月乙未日吉。

七月癸未日吉。

第六元癸卯日、辛卯日吉。

癸 未 年

原文:

音标: ȵui⁵ mi⁶ mbe¹ ti⁶ ha:m¹ tjeŋ¹ ʁa:i³ van¹ ȵət⁷

直译: 癸 未 年 第 三 丁 亥 日 吉

意译: 癸未年第三元丁亥日吉,

原文:

音标: mi⁶ sən¹ fa:ŋ¹ ŋo² mi⁶ si² ȵət⁷

直译: 未 申 方 午 未 时 吉

意译: 未方、申方,午时、未时,吉。

原文:

音标: çət⁷ ti⁶ ȵi⁶ ȵui⁵ ma:u⁴ van¹ ȵət⁷

直译: 七 第 二 癸 卯 日 吉

意译: 第七元二月癸卯日吉。

原文:

音标: sup⁸ çən¹ mi⁶ van¹ ȵət⁷

直译: 十 辛 未 日 吉

意译: 十月辛未日吉。

水书 六十甲子卷

原文：

音标： çi⁵　ʔjət⁷　ʁa:i³　van¹　tət⁷

直译： 四　　乙　　亥　　日　　吉

意译： 四月乙亥日吉。

原文：

音标： ŋo⁴　tjeŋ¹　ʁa:i³　van¹　tjeŋ¹　ma:u⁴　van¹　tə⁶khup⁷　ha:i²　çoŋ¹

直译： 五　　丁　　亥　　日　　丁　　卯　　日　　蜈蚣伤　　棺　　凶

意译： 五月丁亥日、丁卯日安葬,后世有人被蜈蚣伤,凶。

原文：

音标： sup⁸　ʔjət⁷　ti¹　ju⁴　van¹　qeŋ¹　ji²　van¹　tət⁷

直译： 十　　一　　己　　酉　　日　　庚　　寅　　日　　吉

意译： 十一月己酉日、庚寅日吉。

原文：

音标： ha:m¹　ti⁶　çən¹　ʁa:i³　van¹　tət⁷

直译： 三　　第　　辛　　亥　　日　　吉

意译： 第三元辛亥日吉。

原文：

音标： pa:t⁷　ʔjət⁷　ma:u⁴　van¹　tət⁷

直译： 八　　乙　　卯　　日　　吉

意译： 八月乙卯日吉。

水书

六十甲子卷

原文：

音标：　sup⁸　ʔjət⁷　ȶi¹　mi⁶　van¹　ȶət⁷

直译：　十　　乙　　己　　未　　日　　吉

意译：　十一月己未日吉。

原文：

音标：　maːu⁴　sən²　faːŋ¹　maːu⁴　van¹si²　ȶət⁷

直译：　卯　　辰　　方　　卯　　日时　　吉

意译：　卯方、辰方，卯日卯时，吉。

篇章意译：

　　癸未年第三元丁亥日吉，未方、申方，午时、未时，吉。

　　第七元二月癸卯日吉。

　　十月辛未日吉。

　　四月乙亥日吉。

　　五月丁亥日、丁卯日安葬，后世有人被蜈蚣伤，凶。

　　十一月己酉日、庚寅日吉。

　　第三元辛亥日吉。

　　八月乙卯日吉。

　　十一月己未日吉。

　　卯方、辰方，卯日卯时，吉。

水书
六十甲子卷

乙未年

原文： [水书文字符号]

音标： ʔjət⁷ mi⁶ mbe¹ ŋo⁴ ʈui⁵ ʁaːi³ maːu⁴ van¹ sən² faːŋ¹ ʈət⁷

直译： 乙 未 年 五 癸 亥 卯 日 辰 方 吉

意译： 乙未年五月癸亥日、癸卯日，辰方，吉。

原文： [水书文字符号]

音标： su³ ji² faːŋ¹ ŋo² mi⁶ si² ʈət⁷

直译： 丑 寅 方 午 未 时 吉

意译： 丑方、寅方，午时、未时，吉。

原文： [水书文字符号]

音标： ti⁶ ʔjət⁷ ʔjət⁷ su³ van¹ ʈət⁷

直译： 第 乙 乙 丑 日 吉

意译： 第一元乙丑日吉。

原文： [水书文字符号]

音标： çi⁵ ti⁶ çən¹ ʁaːi³ van¹ ʈət⁷

直译： 四 第 辛 亥 日 吉

意译： 第四元辛亥日吉。

原文：〔水文符号〕

音标：sup⁸ ɕən¹ mi⁶ van¹ tɕət⁷

直译：十　辛　未　日　吉

意译：十月辛未日吉。

原文：〔水文符号〕

音标：ɕi⁵ tjeŋ¹ ʁaːi³ van¹ tjeŋ¹ ju⁴ van¹ haːi² ku³ qon⁴ ɕoŋ¹

直译：四　丁　亥　日　丁　酉　日　棺　"姑短"　凶

意译：四月丁亥日、丁酉日"姑短"当值，安葬凶。

原文：〔水文符号〕

音标：ȵi⁶ ti⁶ tjeŋ¹ tɕui⁵ mi⁶ van¹ tɕət⁷

直译：二　第　丁　癸　未　日　吉

意译：第二元丁未日、癸未日吉。

原文：〔水文符号〕

音标：ti⁶ ɕət⁷ ɕən¹ maːu⁴ tɕət⁷

直译：第　七　辛　卯　吉

意译：第七元辛卯（日）吉。

原文：〔水文符号〕

音标：paːt⁷ ʔjət⁷ mi⁶ van¹ tɕət⁷

直译：八　乙　未　日　吉

意译：八月乙未日吉。

水书
六十甲子卷

177

原文：

音标： ma:u⁴ sən² si² tɕət⁷

直译： 卯　辰　时　吉

意译： 卯时、辰时吉。

篇章意译：

乙未年五月癸亥日、癸卯日，辰方，吉。丑方、寅方，午时、未时，吉。

第一元乙丑日吉。

第四元辛亥日吉。

十月辛未日吉。

四月丁亥日、丁酉日"姑短"当值，安葬凶。

第二元丁未日、癸未日吉。

第七元辛卯(日)吉。

八月乙未日吉。

卯时、辰时吉。

丁未年

原文：

音标： tjeŋ¹ mi⁶ mbe¹ tsjeŋ¹ ȵi¹ ma:u⁴ van¹ ȶət⁷

直译： 丁　未　年　正　己　卯　日　吉

意译： 丁未年正月己卯日吉，

原文：

音标： mi⁶ sən¹ fa:ŋ¹ ma:u⁴ sən² fa:ŋ¹ su³ ji² si² ȶət⁷

直译： 未　申　方　卯　辰　方　丑　寅　时　吉

意译： 未方、申方、卯方、辰方，丑时、寅时，吉。

原文：

音标： ȵi⁶ ti⁶ çət⁷ ʔjət⁷ mi⁶ van¹ ȶət⁷

直译： 二　第　七　乙　未　日　吉

意译： 第二元七月乙未日吉。

原文：

音标： sup⁸ ʔjət⁷ mi⁶ van¹ ȶət⁷

直译： 十　乙　未　日　吉

意译： 十月乙未日吉。

原文: [原文符号]

音标: ti⁶　ljok⁸　ʈui⁵　ju⁴　van¹　tət⁷
直译: 第　六　癸　酉　日　吉
意译: 第六元癸酉日吉。

原文: [原文符号]

音标: ljok⁸　qeŋ¹　ji²　van¹　ʔjət⁷　maːu⁴　van¹　sən²　si²　tət⁷
直译: 六　庚　寅　日　乙　卯　日　辰　时　吉
意译: 六月庚寅日、乙卯日辰时吉。

原文: [原文符号]

音标: sup⁸　ʈui⁵　maːu⁴　çi⁵　ʔjət⁷　su³　van¹　haːi²　haːi²　çoŋ¹
直译: 十　癸　卯　四　乙　丑　日　棺　棺　凶
意译: 十月癸卯日、四月乙丑日安葬犯重丧,主家会连续死两个人,凶。

原文: [原文符号]

音标: ljok⁸　ti⁶　ȵi⁶　ʈui⁵　maːu⁴　van¹　tət⁷
直译: 六　第　二　癸　卯　日　吉
意译: 第六元二月癸卯日吉。

原文: [原文符号]

音标: ti⁶　çi⁵　sup⁸　çən¹　mi⁶　van¹　tət⁷
直译: 第　四　十　辛　未　日　吉
意译: 第四元十月辛未日吉。

水书 六十甲子卷

原文：

音标：　 çi⁵　sup⁸　çən¹　ʁaːi³　van¹　ʈət⁷

直译：　四　　十　　辛　　亥　　日　　吉

意译：　四月、十月辛亥日吉。

篇章意译：

丁未年正月己卯日吉，未方、申方、卯方、辰方，丑时、寅时，吉。

第二元七月乙未日吉。

十月乙未日吉。

第六元癸酉日吉。

六月庚寅日、乙卯日辰时吉。

十月癸卯日、四月乙丑日安葬犯重丧，主家会连续死两个人，凶。

第六元二月癸卯日吉。

第四元十月辛未日吉。

四月、十月辛亥日吉。

己 未 年

原文：

音标： ȶi¹ mi⁶ mbe¹ ȶi⁶ çi⁵ çən¹ ma:u⁴ van¹ tət⁷

直译： 己　未　年　第　四　辛　卯　日　吉

意译： 己未年第四元辛卯日吉，

原文：

音标： ŋo² mi⁶ fa:ŋ¹ ʁa:i³ ŋo² van¹si² tət⁷

直译： 午　未　方　亥　午　日时　吉

意译： 午方、未方，亥日亥时、午日午时，吉。

原文：

音标： çi⁵ çən¹ ma:u⁴ van¹ tət⁷

直译： 四　辛　卯　日　吉

意译： 四月辛卯日吉。

原文：

音标： çi⁵ ȶi⁶ ȶui⁵ su³ van¹ tət⁷

直译： 四　第　癸　丑　日　吉

意译： 第四元癸丑日吉。

水书 六十甲子卷

原文：

音标： ʈu³ ʈi¹ tjeŋ¹ ju⁴ van¹ tə⁶khup⁷ ŋo⁴hu³ ha:i² çoŋ¹

直译： 九 己 丁 酉 日 蜈蚣伤 "五虎" 棺 凶

意译： 九月己酉日、丁酉日"五虎"当值，后世有人被蜈蚣伤，安葬凶。

原文：

音标： ma:u⁴ mi⁶ fa:ŋ¹ ma:u⁴ sən² si² tət⁷

直译： 卯 未 方 卯 辰 时 吉

意译： 卯方、未方，卯时、辰时吉。

原文：

音标： ha:m¹ ti⁶ ha:m¹ ʈi¹ çi⁴ van¹ tət⁷

直译： 三 第 三 己 巳 日 吉

意译： 第三元三月己巳日吉。

原文：

音标： çət⁷ ljok⁸ ʈi¹ çi⁴ van¹ tət⁷

直译： 七 六 己 巳 日 吉

意译： 七月、六月己巳日吉。

原文：

音标： ȵi⁶ ti⁶ ljok⁸ pjeŋ³ ji² van¹ tət⁷

直译： 二 第 六 丙 寅 日 吉

意译： 第二元六月丙寅日吉。

水书

六十甲子卷

183

原文：

音标： sup⁸ ʔjət⁷ mi⁶ van¹ tət⁷ çən¹ ʁaːi³ van¹ qeŋ¹ ji² van¹ tət⁷

直译： 十　乙　未　日　吉　辛　亥　日　庚　寅　日　吉

意译： 十月乙未日大吉，辛亥日、庚寅日吉。

篇章意译：

己未年第四元辛卯日吉，午方、未方，亥日亥时、午日午时，吉。

四月辛卯日吉。

第四元癸丑日吉。

九月己酉日、丁酉日"五虎"当值，后世有人被蜈蚣伤，安葬凶。

卯方、未方，卯时、辰时吉。

第三元三月己巳日吉。

七月、六月己巳日吉。

第二元六月丙寅日吉。

十月乙未日大吉，辛亥日、庚寅日吉。

壬申年

原文：

音标：ȵum² sən¹ mbe¹ çət⁷ qeŋ¹ çi³ van¹ tət⁷

直译：壬　申　年　七　庚　子　日　吉

意译：壬申年七月庚子日吉，

原文：

音标：ma:u⁴ sən² fa:ŋ¹ hət⁷ ʁa:i³ van¹si² tət⁷

直译：卯　辰　方　戌　亥　日时　吉

意译：卯方、辰方，戌日戌时、亥日亥时，吉。

原文：

音标：ti⁶ ʔjət⁷ ʔjət⁷ su³ van¹ tət⁷

直译：第　乙　乙　丑　日　吉

意译：第一元乙丑日吉。

原文：

音标：ti⁶ ʔjət⁷ ȵum² sən² van¹ tət⁷

直译：第　乙　壬　辰　日　吉

意译：第一元壬辰日吉。

原文：（图）

音标：çi⁵　ti⁶　tsjeŋ¹　ȵi¹　ju⁴　van¹　tət⁷

直译：四　第　正　己　酉　日　吉

意译：第四元正月己酉日吉。

原文：（图）

音标：ŋo⁴　ȵi¹　su³　van¹　ku³qon⁴　ŋo⁴　çoŋ¹

直译：五　己　丑　日　"姑短"　五　凶

意译：五月己丑日"姑短"当值，五凶。

原文：（图）

音标：su³　ji²　faːŋ¹　su³　ji²　si²　maːu⁴　si²　tət⁷

直译：丑　寅　方　丑　寅　时　卯　时　吉

意译：丑方、寅方，丑时、寅时、卯时，吉。

原文：（图）

音标：ti⁶　ŋo⁴　ȵum²　çi³　van¹　tət⁷

直译：第　五　壬　子　日　吉

意译：第五元壬子日吉。

原文：（图）

音标：ljok⁸　ȵum²　sən²　van¹　tət⁷

直译：六　壬　辰　日　吉

意译：六月壬辰日吉。

水书 六十甲子卷

原文:

音标: ȵi⁶　ti⁶　ȵi⁶　ȶui⁵　mi⁶　van¹　ȶət⁷
直译: 二　第　二　癸　未　日　吉
意译: 第二元二月癸未日吉。

原文:

音标: tsjeŋ¹　tjeŋ¹　ma:u⁴　van¹　ljok⁸　ȶui⁵　ju⁴　van¹　ȶui⁵　ma:u⁴　van¹　ȶət⁷
直译: 正　丁　卯　日　六　癸　酉　日　癸　卯　日　吉
意译: 正月丁卯日,六月癸酉日、癸卯日,吉。

篇章意译:

壬申年七月庚子日吉,卯方、辰方,戌日戌时、亥日亥时,吉。

第一元乙丑日吉。

第一元壬辰日吉。

第四元正月己酉日吉。

五月己丑日"姑短"当值,五凶。

丑方、寅方,丑时、寅时、卯时,吉。

第五元壬子日吉。

六月壬辰日吉。

第二元二月癸未日吉。

正月丁卯日,六月癸酉日、癸卯日,吉。

水书 六十甲子卷

187

甲申年

原文：

音标： ȶa:p⁷ sən¹ mbe¹ ti⁶ ȵi⁶ ȵum² sən² van¹ ȶət⁷
直译： 甲 申 年 第 二 壬 辰 日 吉
意译： 甲申年第二元壬辰日吉，

原文：

音标： ma:u⁴ sən² fa:ŋ¹ su³ ji² si² ȶət⁷
直译： 卯 辰 方 丑 寅 时 吉
意译： 卯方、辰方，丑时、寅时，吉。

原文：

音标： ŋo⁴ ɕən¹ ʁa:i³ van¹ ȶət⁷
直译： 五 辛 亥 日 吉
意译： 五月辛亥日吉。

原文：

音标： ti⁶ ŋo⁴ pjeŋ³ sən¹ van¹ ȶət⁷
直译： 第 五 丙 申 日 吉
意译： 第五元丙申日吉。

六十甲子卷

188

原文：

音标： çət^7 qeŋ^1 çi^3 van^1 tət^7
直译： 七　庚　子　日　吉
意译： 七月庚子日吉。

原文：

音标： sup^8 pjeŋ^3 sən^2 van^1 pjeŋ^3 hət^7 van^1 tsjeŋ^1 qeŋ^1 çi^3 van^1 çoŋ^1
直译： 十　丙　辰　日　丙　戌　日　正　庚　子　日　凶
意译： 十月丙辰日、丙戌日,正月庚子日,凶。

原文：

音标： ljok^8 ti^6 ʔjət^7 su^3 van^1 tət^7
直译： 六　第　乙　丑　日　吉
意译： 第六元乙丑日吉。

原文：

音标： ti^6 ŋo^4 ŋum^2 çi^3 van^1 tət^7
直译： 第　五　壬　子　日　吉
意译： 第五元壬子日吉。

原文：

音标： ljok^8 ŋo^4 qeŋ^1 ŋo^2 van^1 tət^7
直译： 六　五　庚　午　日　吉
意译： 六月、五月庚午日吉。

水书 六十甲子卷

189

原文：

音标： çət⁷ ŋum² çi³ van¹ tət⁷

音标： $\varsigma\text{ə}t^7$ ηum^2 ςi^3 van^1 $\text{tə}t^7$

直译： 七 壬 子 日 吉

意译： 七月壬子日吉。

原文：

音标： ma:u^4 sən^2 $\text{van}^1 \text{si}^2$ $\text{tə}t^7$

直译： 卯 辰 日时 吉

意译： 卯日卯时、辰日辰时吉。

篇章意译：

甲申年第二元壬辰日吉，卯方、辰方，丑时、寅时，吉。

五月辛亥日吉。

第五元丙申日吉。

七月庚子日吉。

十月丙辰日、丙戌日，正月庚子日，凶。

第六元乙丑日吉。

第五元壬子日吉。

六月、五月庚午日吉。

七月壬子日吉。

卯日卯时、辰日辰时吉。

丙 申 年

原文：

音标：pjeŋ³ sən¹ mbe¹ çət⁷ ȵum² çi³ van¹ ȶət⁷

直译：丙　申　年　七　壬　子　日　吉

意译：丙申年七月壬子日吉，

原文：

音标：sup⁸ ȵi⁶ ȵum² sən¹ van¹ mi⁶ fa:ŋ¹ ʁa:i³ ŋo² si² ȶət⁷

直译：十　二　　壬　申　日　未　方　亥　午　时　吉

意译：十二月壬申日，未方、亥时、午时，吉。

原文：

音标：ȵi⁶ ti⁶ ȵi⁶ çət⁷ ȵum² çi³ van¹ ȶət⁷

直译：二　第　二　七　壬　子　日　吉

意译：第二元二月、七月壬子日吉。

原文：

音标：ȵi⁶ ti⁶ ljok⁸ ȵum² sən² van¹ qeŋ¹ sən² van¹ ȶət⁷

直译：二　第　六　壬　辰　日　庚　辰　日　吉

意译：第二元六月壬辰日、庚辰日吉。

原文： 十 ⌒ ⊓ ⊃ ∘ ⊟ 8 口 又

音标： sup^8 ʔjət^7 tjeŋ^1 çi^4 van^1 ha:i^2 ku^3 ku^3 qon^4 çoŋ^1

直译： 十 乙 丁 巳 日 棺 多 "姑短" 凶

意译： 十一月丁巳日"姑短"当值，用之安葬，多凶。

原文： ⦚ Ɜ 王 ⯑ 禾 豸 平

音标： ʁa:i^3 çi^3 fa:ŋ^1 ma:u^4 sən^2 si^2 ʨət^7

直译： 亥 子 方 卯 辰 时 吉

意译： 亥方、子方，卯时、辰时，吉。

原文： 此 民 ⼃ 石 禾 ∘ 平

音标： ti^6 ŋo^4 ʨu^3 pjeŋ^3 sən^2 van^1 ʨət^7

直译： 第 五 九 丙 辰 日 吉

意译： 第五元九月丙辰日吉。

原文： ⌐⌐ 此 王 丁 ⯑ ∘ 平

音标： ʔjət^7 ti^6 tsjeŋ^1 tjeŋ^1 ma:u^4 van^1 ʨət^7

直译： 乙 第 正 丁 卯 日 吉

意译： 第一元正月丁卯日吉。

篇章意译：

丙申年七月壬子日吉，十二月壬申日，未方、亥时、午时，吉。
第二元二月、七月壬子日吉。

第二元六月壬辰日、庚辰日吉。

十一月丁巳日"姑短"当值,用之安葬,多凶。

亥方、子方,卯时、辰时,吉。

第五元九月丙辰日吉。

第一元正月丁卯日吉。

水书 六十甲子卷

戊申年

原文：

音标： mu⁶ sən² mbe¹ sup⁸ pjeŋ³ sən² van¹ tət⁷

直译： 戊　申　年　十　丙　辰　日　吉

意译： 戊申年十月丙辰日吉，

原文：

音标： ma:u⁴ fa:ŋ¹ sən² fa:ŋ¹ çi⁴ fa:ŋ¹ tət⁷ ji² ma:u⁴ sən² si² tət⁷

直译： 卯　方　辰　方　巳　方　吉　寅　卯　辰　时　吉

意译： 卯方、辰方、巳方大吉，寅时、卯时、辰时吉。

原文：

音标： ȵi⁶ çən¹ mi⁶ van¹ tət⁷

直译： 二　辛　未　日　吉

意译： 二月辛未日吉。

原文：

音标： ŋo⁴ çən¹ ʁa:i³ van¹ tət⁷

直译： 五　辛　亥　日　吉

意译： 五月辛亥日吉。

原文: （图形符号）

音标: çi⁵ çən¹ ma:u⁴ van¹ tət⁷

直译: 四 辛 卯 日 吉

意译: 四月辛卯日吉。

原文: （图形符号）

音标: çət⁷ pjeŋ³ sən² van¹ ʔjət⁷ ma:u⁴ van¹ ku³ qon⁴ ha:i² çoŋ¹

直译: 七 丙 辰 日 乙 卯 日 "姑短" 棺 凶

意译: 七月丙辰日、乙卯日"姑短"当值,安葬凶。

原文: （图形符号）

音标: çi⁵ ti⁶ sup⁸ ȵum² çi³ van¹ tət⁷

直译: 四 第 十 壬 子 日 吉

意译: 第四元十月壬子日吉。

原文: （图形符号）

音标: ŋo⁴ ti⁶ ljok⁸ ȵum² sən² van¹ tət⁷

直译: 五 第 六 壬 辰 日 吉

意译: 第五元六月壬辰日吉。

原文: （图形符号）

音标: qeŋ¹ ŋo² van¹ ljok⁸ qeŋ¹ ȵum² sən² van¹

直译: 庚 午 日 六 庚 壬 辰 日

意译: 六月庚午日、庚辰日、壬辰日,

水书 六十甲子卷

195

原文：

音标： sup⁸ n̦i⁶ çi³ van¹ sən¹ van¹ t̠ət⁷ t̠ət⁷

直译： 十 二 子 日 申 日 吉 吉

意译： 十二月子日、申日，大吉。

篇章意译：

戊申年十月丙辰日吉，卯方、辰方、巳方大吉，寅时、卯时、辰时吉。

二月辛未日吉。

五月辛亥日吉。

四月辛卯日吉。

七月丙辰日、乙卯日"姑短"当值，安葬凶。

第四元十月壬子日吉。

第五元六月壬辰日吉。

六月庚午日、庚辰日、壬辰日，十二月子日、申日，大吉。

庚申年

原文：

音标： qeŋ¹ sən¹ mbe¹ ti⁶ çi⁵ ȵum² sən² van¹ ȶət⁷

直译： 庚 申 年 第 四 壬 辰 日 吉

意译： 庚申年第四元壬辰日吉，

原文：

音标： ma:u⁴ sən² fa:ŋ¹ su³ sən² van¹ si² ȶət⁷

直译： 卯 辰 方 丑 辰 日 时 吉

意译： 卯方、辰方，丑日丑时、辰日辰时，吉。

原文：

音标： ȵi⁶ çən¹ mi⁶ van¹ ȶət⁷

直译： 二 辛 未 日 吉

意译： 二月辛未日吉。

原文：

音标： ŋo⁴ çən¹ ʁa:i³ van¹ ȶət⁷

直译： 五 辛 亥 日 吉

意译： 五月辛亥日吉。

水书 六十甲子卷

197

原文：〔水书文字符号〕

音标：tsjeŋ¹ ȶui⁵ ju⁴ van¹ ȶət⁷

直译： 正　癸　酉　日　吉

意译： 正月癸酉日吉。

原文：〔水书文字符号〕

音标：çət⁷ ȵum² çi³ van¹ ȶət⁷

直译： 七　壬　子　日　吉

意译： 七月壬子日吉。

原文：〔水书文字符号〕

音标：sup⁸ ʔjət⁷ pjeŋ³ sən² van¹ pjeŋ³ ji² van¹ ha:i² çoŋ¹

直译： 十　乙　丙　辰　日　丙　寅　日　棺　凶

意译： 十一月丙辰日、丙寅日安葬凶。

原文：〔水书文字符号〕

音标：ȶu³ qeŋ¹ çi³ van¹ ȶət⁷

直译： 九　庚　子　日　吉

意译： 九月庚子日吉。

原文：〔水书文字符号〕

音标：ljok⁸ ti⁶ pjeŋ³ sən² van¹ ȶət⁷

直译： 六　第　丙　辰　日　吉

意译： 第六元丙辰日吉。

水书 六十甲子卷

原文：

音标： tsjeŋ¹ ʨi¹ ju⁴ van¹ tət⁷
直译： 正   己   酉   日   吉
意译： 正月己酉日吉。

篇章意译：

庚申年第四元壬辰日吉,卯方、辰方,丑日丑时、辰日辰时,吉。

二月辛未日吉。

五月辛亥日吉。

正月癸酉日吉。

七月壬子日吉。

十一月丙辰日、丙寅日安葬凶。

九月庚子日吉。

第六元丙辰日吉。

正月己酉日吉。

癸 酉 年

原文：

音标： ȶui⁵ ju⁴ mbe¹ ljok⁸ tjeŋ¹ su³ van¹ ȶət⁷
直译： 癸 酉 年 六 丁 丑 日 吉
意译： 癸酉年六月丁丑日吉，

原文：

音标： sən² çi⁴ fa:ŋ¹ su³ ji² si² ȶət⁷
直译： 辰 巳 方 丑 寅 时 吉
意译： 辰方、巳方，丑时、寅时，吉。

原文：

音标： ŋo⁴ çən¹ ʁa:i³ van¹ ȶət⁷
直译： 五 辛 亥 日 吉
意译： 五月辛亥日吉。

原文：

音标： ŋo⁴ ȵum² ji² van¹ ȶət⁷
直译： 五 壬 寅 日 吉
意译： 五月壬寅日吉。

原文：

音标：	ha:m¹	ţi¹	çi⁴	van¹	çən¹	çi⁴	van¹	ţət⁷
直译：	三	己	巳	日	辛	巳	日	吉

意译： 三月己巳日、辛巳日吉。

原文：

音标：	çi⁵	çən¹	ʁa:i³	van¹	çi⁵	ʔjət⁷	su³	van¹	ha:m¹	ha:i²	ŋo⁴	çoŋ¹
直译：	四	辛	亥	日	四	乙	丑	日	三	棺	五	凶

意译： 四月辛亥日、乙丑日安葬犯重丧,主家要连续死三至五个人,凶。

原文：

音标：	ti⁶	çi⁵	ʔjət⁷	su³	van¹	ţət⁷
直译：	第	四	乙	丑	日	吉

意译： 第四元乙丑日吉。

原文：

音标：	ʨjeŋ¹	ʔjət⁷	ju⁴	van¹	ţət⁷
直译：	正	乙	酉	日	吉

意译： 正月乙酉日吉。

原文：

音标：	su³	ji²	fa:ŋ¹	ţət⁷
直译：	丑	寅	方	吉

意译： 丑方、寅方吉。

水书 六十甲子卷

201

篇章意译:

癸酉年六月丁丑日吉,辰方、巳方,丑时、寅时,吉。

五月辛亥日吉。

五月壬寅日吉。

三月己巳日、辛巳日吉。

四月辛亥日、乙丑日安葬犯重丧,主家要连续死三至五个人,凶。

第四元乙丑日吉。

正月乙酉日吉。

丑方、寅方吉。

乙 酉 年

原文：〔水书原文符号〕

音标：ʔjət⁷ ju⁴ mbe¹ ljok⁸ ʔjət⁷ çi⁴ van¹ çən¹ çi⁴ van¹ tət⁷

直译：乙 酉 年 六 乙 巳 日 辛 巳 日 吉

意译：乙酉年六月乙巳日、辛巳日吉。

原文：〔水书原文符号〕

音标：su³ ji² fa:ŋ¹ ji² ma:u⁴ van¹ si² tət⁷

直译：丑 寅 方 寅 卯 日 时 吉

意译：丑方、寅方，寅日寅时、卯日卯时，吉。

原文：〔水书原文符号〕

音标：çi⁵ ti⁶ çən¹ su³ van¹ tət⁷

直译：四 第 辛 丑 日 吉

意译：第四元辛丑日吉。

原文：〔水书原文符号〕

音标：ti⁶ ljok⁸ ȵum² sən² van¹ tət⁷

直译：第 六 壬 辰 日 吉

意译：第六元壬辰日吉。

水书 六十甲子卷

203

原文：〔水书符号〕

音标： ŋo⁴　ti⁶　pjeŋ³　sən¹　van¹　tət⁷

直译： 五　第　丙　申　日　吉

意译： 第五元丙申日吉。

原文：〔水书符号〕

音标： çi⁵　ȶi¹　ʁaːi³　van¹　qeŋ¹　çi³　van¹　haːi²　ɢoŋ¹

直译： 四　己　亥　日　庚　子　日　棺　凶

意译： 四月己亥日、庚子日安葬凶。

原文：〔水书符号〕

音标： ti⁶　ljok⁸　tsjeŋ¹　ȶui⁵　ju⁴　van¹　tət⁷

直译： 第　六　正　癸　酉　日　吉

意译： 第六元正月癸酉日吉。

原文：〔水书符号〕

音标： ti⁶　haːm¹　paːt⁷　tjeŋ¹　su³　van¹　tət⁷

直译： 第　三　八　丁　丑　日　吉

意译： 第三元八月丁丑日吉。

原文：〔水书符号〕

音标： ŋo⁴　ti⁶　ʔjət⁷　su³　van¹　tət⁷

直译： 五　第　乙　丑　日　吉

意译： 第五元乙丑日吉。

原文：

音标： qeŋ¹ sən² van¹ su³ van¹ tət⁷

直译： 庚   辰   日   丑   日   吉

意译： 庚辰日、丑日吉。

篇章意译：

乙酉年六月乙巳日、辛巳日，丑方、寅方，寅日寅时、卯日卯时，吉。

第四元辛丑日吉。

第六元壬辰日吉。

第五元丙申日吉。

四月己亥日、庚子日安葬凶。

第六元正月癸酉日吉。

第三元八月丁丑日吉。

第五元乙丑日吉。

庚辰日、丑日吉。

水书
六十甲子卷

205

丁 酉 年

原文：

音标： tjeŋ¹ ju⁴ mbe¹ ljok⁸ ʔjət⁷ mi⁶ van¹ tət⁷

直译： 丁　酉　年　六　乙　未　日　吉

意译： 丁酉年六月乙未日吉，

原文：

音标： su³ ji² fa:ŋ¹ ju⁴ hət⁷ si² su³ ji² si² tət⁷

直译： 丑　寅　方　酉　戌　时　丑　寅　时　吉

意译： 丑方、寅方，酉时、戌时、丑时、寅时，吉。

原文：

音标： ha:m¹ ti⁶ ha:m¹ tjeŋ¹ çi⁴ van¹ tət⁷

直译： 三　第　三　丁　巳　日　吉

意译： 第三元三月丁巳日吉。

原文：

音标： ha:m¹ çən¹ çi⁴ van¹ tət⁷ pa:t⁷ tjeŋ¹ su³ van¹ tət⁷

直译： 三　辛　巳　日　吉　八　丁　丑　日　吉

意译： 三月辛巳日、八月丁丑日吉。

原文：　（水书文字符号）

音标：　ti⁶　çi⁵　çən¹　su³　van¹　tət⁷

直译：　第　四　辛　丑　日　吉

意译：　第四元辛丑日吉。

原文：　（水书文字符号）

音标：　pa:t⁷　ţi¹　su³　van¹　ha:m¹　çi⁴　van¹　ha:i²　çoŋ¹

直译：　八　己　丑　日　三　巳　日　棺　凶

意译：　八月己丑日、三月巳日安葬凶。

原文：　（水书文字符号）

音标：　ti⁶　ljok⁸　sup⁸　ʔjət⁷　mi⁶　van¹　tət⁷　ljok⁸　ŋum²　sən²　van¹　tət⁷

直译：　第　六　十　乙　未　日　吉　六　壬　辰　日　吉

意译：　第六元十月乙未日吉，六月壬辰日吉。

原文：　（水书文字符号）

音标：　ti⁶　ʔjət⁷　tjeŋ¹　ma:u⁴　van¹　tət⁷　çən¹　ma:u⁴　van¹　tət⁷

直译：　第　乙　丁　卯　日　吉　辛　卯　日　吉

意译：　第一元丁卯日、辛卯日吉。

原文：　（水书文字符号）

音标：　tsjeŋ¹　ţi¹　ju⁴　van¹　tət⁷

直译：　正　己　酉　日　吉

意译：　正月己酉日吉。

水书　六十甲子卷

原文：

音标：　ŋo⁴　　çən¹　　ʁaːi³　　van¹　　ȶət⁷

直译：　五　　　辛　　　亥　　　日　　　吉

意译：　五月辛亥日吉。

篇章意译：

丁酉年六月乙未日吉，丑方、寅方，酉时、戌时、丑时、寅时，吉。

第三元三月丁巳日吉。

三月辛巳日、八月丁丑日吉。

第四元辛丑日吉。

八月己丑日、三月巳日安葬凶。

第六元十月乙未日吉，六月壬辰日吉。

第一元丁卯日、辛卯日吉。

正月己酉日吉。

五月辛亥日吉。

己 酉 年

原文: ⟨水书符号⟩

音标: ȵi¹ ju⁴ mbe¹ ljok⁸ çən¹ çi⁴ van¹ tət⁷

直译: 己　酉　年　六　辛　巳　日　吉

意译: 己酉年六月辛巳日吉,

原文: ⟨水书符号⟩

音标: su³ ji² fa:ŋ¹ ju⁴ hət⁷ si² tət⁷ ma:u⁴ sən² si² tət⁷

直译: 丑　寅　方　酉　戌　时　吉　卯　辰　时　吉

意译: 丑方、寅方,酉时、戌时、卯时、辰时,吉。

原文: ⟨水书符号⟩

音标: ti⁶ çət⁷ tsjeŋ¹ ʔjət⁷ ju⁴ van¹ tət⁷

直译: 第　七　正　乙　酉　日　吉

意译: 第七元正月乙酉日吉。

原文: ⟨水书符号⟩

音标: ȵi⁶ qeŋ¹ çi³ van¹ tət⁷

直译: 二　庚　子　日　吉

意译: 二月庚子日吉。

原文：　〔水书符号〕

音标：　çi⁵　　ȵi¹　　su³　　van¹　　ȶət⁷

直译：　四　　己　　丑　　日　　吉

意译：　四月己丑日吉。

原文：　〔水书符号〕

音标：　ȵi⁶　çən¹　çi⁴　van¹　ha:m¹　qeŋ¹　ŋo²　van¹　ha:i²　ku³　qon⁴　çoŋ¹

直译：　二　辛　巳　日　三　庚　午　日　棺　"姑短"　凶

意译：　二月辛巳日、三月庚午日"姑短"当值,安葬凶。

原文：　〔水书符号〕

音标：　ʔjət⁷　ti⁶　ljok⁸　ti⁶　ha:m¹　qeŋ¹　hət⁷　van¹　ȶət⁷

直译：　一　第　六　第　三　庚　戌　日　吉

意译：　第一元、第六元三月庚戌日吉。

原文：　〔水书符号〕

音标：　ha:m¹　çən¹　çət⁷　ti⁶　ȶui⁵　çi⁴　van¹　ȶət⁷

直译：　三　辛　七　第　癸　巳　日　吉

意译：　三月第七元辛巳日、癸巳日吉。

篇章意译：

　　己酉年六月辛巳日吉,丑方、寅方,酉时、戌时、卯时、辰时,吉。
　　第七元正月乙酉日吉。

二月庚子日吉。

四月己丑日吉。

二月辛巳日、三月庚午日"姑短"当值,安葬凶。

第一元、第六元三月庚戌日吉。

三月第七元辛巳日、癸巳日吉。

辛 酉 年

原文:

音标: çən¹ ju⁴ mbe¹ ti⁶ ŋi⁶ sup⁸ çən¹ mi⁶ van¹ tət⁷

直译: 辛 酉 年 第 二 十 辛 未 日 吉

意译: 辛酉年第二元十月辛未日吉，

原文:

音标: mi⁶ sən¹ fa:ŋ¹ ma:u⁴ sən² si² tət⁷

直译: 未 申 方 卯 辰 时 吉

意译: 未方、申方，卯时、辰时，吉。

原文:

音标: ljok⁸ ȶi¹ çi⁴ van¹ tət⁷

直译: 六 己 巳 日 吉

意译: 六月己巳日吉。

原文:

音标: ljok⁸ ȵum² sən² van¹ tət⁷

直译: 六 壬 辰 日 吉

意译: 六月壬辰日吉。

水书

六十甲子卷

原文:

音标: çi⁵ ʈui⁵ su³ van¹ ʈət⁷

直译: 四 癸 丑 日 吉

意译: 四月癸丑日吉。

原文:

音标: ŋo⁴ tjeŋ¹ ʁa:i³ van¹ ʈu³ ma:u⁴ van¹ tə⁶khup⁷ ha:i² ʔɣa⁵ʈa¹

直译: 五 丁 亥 日 九 卯 日 蜈蚣伤 棺 田产

意译: 五月丁亥日、九月卯日安葬,后世有人被蜈蚣伤,变卖田产,凶。

原文:

音标: sən² çi⁴ fa:ŋ¹ çi⁵ ŋo⁴ ti¹ çi⁴ van¹ ʈət⁷

直译: 辰 巳 方 四 五 己 巳 日 吉

意译: 四月、五月己巳日,辰方、巳方吉。

原文:

音标: ȵi⁶ ti⁶ çi⁵ qeŋ¹ hət⁷ van¹ ʈət⁷

直译: 二 第 四 庚 戌 日 吉

意译: 第二元四月庚戌日吉。

原文:

音标: çət⁷ ȵum² çi³ van¹ ʈət⁷

直译: 七 壬 子 日 吉

意译: 七月壬子日吉。

水书 六十甲子卷

原文： （略）

音标： ti⁶   ljok⁸   ȶui⁵   ju⁴   van¹   tɘt⁷

直译： 第   六   癸   酉   日   吉

意译： 第六元癸酉日吉。

原文： （略）

音标： sup⁸ ʔjɘt⁷ ti¹ ju⁴ van¹ ljok⁸ ŋum² sən² van¹ ʔjɘt⁷ su³ van¹ tɘt⁷

直译： 十   乙   己   酉   日   六   壬   辰   日   乙   丑   日   吉

意译： 十一月己酉日，六月壬辰日、乙丑日吉。

篇章意译：

辛酉年第二元十月辛未日吉，未方、申方，卯时、辰时，吉。

六月己巳日吉。

六月壬辰日吉。

四月癸丑日吉。

五月丁亥日、九月卯日安葬，后世有人被蜈蚣伤，变卖田产，凶。

四月、五月己巳日，辰方、巳方吉。

第二元四月庚戌日吉。

七月壬子日吉。

第六元癸酉日吉。

十一月己酉日，六月壬辰日、乙丑日吉。

水书 六十甲子卷

214

甲戌年

原文: [水书符号图案]

音标: ȶa:p⁷ hət⁷ mbe¹ sup⁸ ʔjət⁷ ŋum² ji² van¹ ȶət⁷

直译: 甲　戌　年　十　乙　壬　寅　日　吉

意译: 甲戌年十一月壬寅日吉,

原文: [水书符号图案]

音标: ji² ma:u⁴ fa:ŋ¹ ju⁴ su³ si² ȶət⁷

直译: 寅　卯　方　酉　丑　时　吉

意译: 寅方、卯方,酉时、丑时,吉。

原文: [水书符号图案]

音标: ha:m¹ ti⁶ ŋi⁶ ȶa:p⁷ ŋo² van¹ ȶət⁷

直译: 三　第　二　甲　午　日　吉

意译: 第三元二月甲午日吉。

原文: [水书符号图案]

音标: ŋi⁶ ti⁶ ŋi⁶ ȶi¹ mi⁶ van¹ ȶət⁷

直译: 二　第　二　己　未　日　吉

意译: 第二元二月己未日吉。

原文：

音标： n̠i⁶ t̠a:p⁷ ŋo² van¹ t̠a:p⁷ ji² van¹ ŋo⁴hu³ ma¹t̠it⁸ t̠ət⁷

直译： 二   甲   午   日   甲   寅   日   "五虎"   狗伤   七

意译： 二月甲午日、甲寅日"五虎"当值,用之安葬,主家七代被狗伤。

原文：

音标： ti⁶ ŋo⁴ n̠um² ŋo² van¹ t̠ət⁷

直译： 第   五   壬   午   日   吉

意译： 第五元壬午日吉。

原文：

音标： n̠i⁶ ljok⁸ qeŋ¹ ji² van¹ t̠ət⁷

直译： 二   六   庚   寅   日   吉

意译： 二月、六月庚寅日吉。

原文：

音标： sup⁸ tjeŋ¹ mi⁶ van¹ çi⁵ çən¹ ʁa:i³ van¹ ma:u⁴ sən² van¹si² t̠ət⁷

直译： 十   丁   未   日   四   辛   亥   日   卯   辰   日时   吉

意译： 十月丁未日,四月辛亥日、卯日卯时、辰日辰时,吉。

篇章意译:

甲戌年十一月壬寅日吉,寅方、卯方,酉时、丑时,吉。

第三元二月甲午日吉。

第二元二月己未日吉。

二月甲午日、甲寅日"五虎"当值,用之安葬,主家七代被狗伤。

第五元壬午日吉。

二月、六月庚寅日吉。

十月丁未日,四月辛亥日、卯日卯时、辰日辰时,吉。

丙 戌 年

原文：

音标：	pjeŋ³	hət⁷	mbe¹	sup⁸	ŋi⁶	ȶaːp⁷	ji²	van¹	ȶət⁷
直译：	丙	戌	年	十	二	甲	寅	日	吉

意译：丙戌年十二月甲寅日吉，

原文：

音标：	su³	ji²	faːŋ¹	maːu⁴	sən²	si²	ȶət⁷
直译：	丑	寅	方	卯	辰	时	吉

意译：丑方、寅方，卯时、辰时，吉。

原文：

音标：	ti⁶	ljok⁸	ȵum²	ji²	van¹	ȶət⁷
直译：	第	六	壬	寅	日	吉

意译：第六元壬寅日吉。

原文：

音标：	ljok⁸	mu⁶	ji²	van¹	ȶət⁷
直译：	六	戊	寅	日	吉

意译：六月戊寅日吉。

原文：〔图形〕

音标：ha:m¹ pjeŋ³ ŋo² van¹ tət⁷

直译：三　丙　午　日　吉

意译：三月丙午日吉。

原文：〔图形〕

音标：ȵi⁶ ȵum² sən² van¹ ɕət⁷ pjeŋ³ ŋo² van¹ ha:i² ha:i² ku³ qon⁴

直译：二　壬　辰　日　七　丙　午　日　棺　棺　"姑短"

意译：二月壬辰日、七月丙午日"姑短"当值，用之安葬犯重丧，主家要连续死两个人。

原文：〔图形〕

音标：ʔjət⁷ ti⁶ tu³ ȵum² ŋo² van¹ tət⁷

直译：乙　第　九　壬　午　日　吉

意译：第一元九月壬午日吉。

原文：〔图形〕

音标：ɕi⁵ ti⁶ ha:m¹ ti¹ ɕi⁴ van¹ tət⁷

直译：四　第　三　己　巳　日　吉

意译：第四元三月己巳日吉。

原文：〔图形〕

音标：ljok⁸ ti⁶ ljok⁸ pjeŋ³ sən² van¹ tət⁷

直译：六　第　六　丙　辰　日　吉

意译：第六元六月丙辰日吉。

原文：

音标： çi³ ŋo² van¹si² tət⁷

直译： 子   午   日时   吉

意译： 子日子时、午日午时吉。

篇章意译：

丙戌年十二月甲寅日吉，丑方、寅方、卯时、辰时，吉。

第六元壬寅日吉。

六月戊寅日吉。

三月丙午日吉。

二月壬辰日、七月丙午日"姑短"当值，用之安葬犯重丧，主家要连续死两个人。

第一元九月壬午日吉。

第四元三月己巳日吉。

第六元六月丙辰日吉。

子日子时、午日午时吉。

戊 戌 年

原文：

音标： mu⁶ hət⁷ mbe¹ ti⁶ ɕət⁷ ȵum² ŋo² van¹ ŋo⁴ qeŋ¹ ŋo² van¹ tɕət⁷

直译： 戊 戌 年 第 七 壬 午 日 五 庚 午 日 吉

意译： 戊戌年第七元壬午日、五月庚午日吉，

原文：

音标： mi⁶ sən¹ fa:ŋ¹ sən² si² tɕət⁷

直译： 未 申 方 辰 时 吉

意译： 未方、申方，辰时，吉。

原文：

音标： ɕi⁵ ti⁶ pjeŋ³ hət⁷ van¹ tɕət⁷

直译： 四 第 丙 戌 日 吉

意译： 第四元丙戌日吉。

原文：

音标： sup⁸ ʔjət⁷ ʈa:p⁷ ji² van¹ tɕət⁷

直译： 十 乙 甲 寅 日 吉

意译： 十一月甲寅日吉。

水书

六十甲子卷

原文：

音标：ha:m¹   ʨi¹   çi⁴   van¹   ʨət⁷

直译：三   己   巳   日   吉

意译：三月己巳日吉。

原文：

音标：tsjeŋ¹   ʨui⁵   ma:u⁴   van¹   ʨət⁷   ha:m¹   pjeŋ³   ŋo²   van¹   ʨət⁷

直译：正   癸   卯   日   吉   三   丙   午   日   吉

意译：正月癸卯日吉，三月丙午日吉。

原文：

音标：ŋi⁶   ʨa:p⁷   ji²   ʨi¹   ma:u⁴   ha:i²   ku³qon⁴   ma:u⁴   sən²   fa:ŋ¹

直译：二   甲   寅   己   卯   棺   "姑短"   卯   辰   方

意译：二月甲寅日、己卯日，卯方、辰方，"姑短"当值，安葬凶。

原文：

音标：ʨi⁶   ŋo⁴   tsjeŋ¹   ʨa:p⁷   ŋo²   van¹   ʨət⁷

直译：第   五   正   甲   午   日   吉

意译：第五元正月甲午日吉。

原文：

音标：sup⁸   ʔjət⁷   pjeŋ³   ŋo²   van¹   ʨət⁷

直译：十   乙   丙   午   日   吉

意译：十一月丙午日吉。

水书 六十甲子卷

原文:

音标: ljok⁸ pjeŋ³ ji² van¹ tɕət⁷

直译: 六　丙　寅　日　吉

意译: 六月丙寅日吉。

原文:

音标: çi⁵ qeŋ¹ hət⁷ van¹ tɕət⁷ ȵum² ji² van¹ tjeŋ¹ mi⁶ van¹ tɕət⁷

直译: 四　庚　戌　日　吉　壬　寅　日　丁　未　日　吉

意译: 四月庚戌日、壬寅日、丁未日吉。

篇章意译：

戊戌年第七元壬午日、五月庚午日吉,未方、申方,辰时,吉。

第四元丙戌日吉。

十一月甲寅日吉。

三月己巳日吉。

正月癸卯日吉,三月丙午日吉。

二月甲寅日、己卯日,卯方、辰方,"姑短"当值,安葬凶。

第五元正月甲午日吉。

十一月丙午日吉。

六月丙寅日吉。

四月庚戌日、壬寅日、丁未日吉。

水书

六十甲子卷

223

庚戌年

原文：[水书符号]

音标： qeŋ¹　hət⁷　mbe¹　çət⁷　ta:p⁷　ŋo²　van¹　tət⁷
直译： 庚　　戌　　年　　七　　甲　　午　　日　　吉
意译： 庚戌年七月甲午日吉，

原文：[水书符号]

音标： ju⁴　hət⁷　fa:ŋ¹　hət⁷　ʁa:i³　si²　tət⁷
直译： 酉　　戌　　方　　戌　　亥　　时　　吉
意译： 酉方、戌方，戌时、亥时，吉。

原文：[水书符号]

音标： çi⁵　pjeŋ³　hət⁷　van¹　tət⁷
直译： 四　　丙　　戌　　日　　吉
意译： 四月丙戌日吉。

原文：[水书符号]

音标： çi⁵　çən¹　ma:u⁴　van¹　tət⁷
直译： 四　　辛　　卯　　日　　吉
意译： 四月辛卯日吉。

水书 六十甲子卷

224

原文:

音标: ti^6 $çət^7$ $ŋum^2$ $ŋo^2$ van^1 $ʨui^5$ mi^6 van^1 $ʨət^7$

直译: 第 七 壬 午 日 癸 未 日 吉

意译: 第七元壬午日、癸未日吉。

原文:

音标: sup^8 $ȵi^6$ $pjeŋ^3$ $sən^1$ van^1 sup^8 $ȵi^6$ $ŋum^2$ $çi^3$ van^1 $haːi^2$ $çoŋ^1$

直译: 十 二 丙 申 日 十 二 壬 子 日 棺 凶

意译: 十二月丙申日、壬子日,安葬凶。

原文:

音标: ti^6 $çi^5$ $ŋum^2$ $sən^2$ van^1 $ʨət^7$

直译: 第 四 壬 辰 日 吉

意译: 第四元壬辰日吉。

原文:

音标: $ȵi^6$ ti^6 $ʨaːp^7$ $sən^2$ van^1 $ʨət^7$

直译: 二 第 甲 辰 日 吉

意译: 第二元甲辰日吉。

原文:

音标: ti^6 $ȵi^6$ $çən^1$ $çi^4$ van^1 $ʨət^7$

直译: 第 二 辛 巳 日 吉

意译: 第二元辛巳日吉。

水书 六十甲子卷

篇章意译：

庚戌年七月甲午日吉,酉方、戌方,戌时、亥时,吉。

四月丙戌日吉。

四月辛卯日吉。

第七元壬午日、癸未日吉。

十二月丙申日、壬子日,安葬凶。

第四元壬辰日吉。

第二元甲辰日吉。

第二元辛巳日吉。

壬 戌 年

原文：

音标： ȵum² hət⁷ mbe¹ ȶu³ qeŋ¹ ŋo² van¹ tət⁷
直译： 壬 戌 年 九 庚 午 日 吉
意译： 壬戌年九月庚午日吉，

原文：

音标： tsjeŋ¹ ȶui⁵ ju⁴ van¹ tət⁷ hət⁷ ʁa:i³ fa:ŋ¹ su³ ŋo² si² tət⁷
直译： 正 癸 酉 日 吉 戌 亥 方 丑 午 时 吉
意译： 正月癸酉日吉，戌方、亥方，丑时、午时，吉。

原文：

音标： çi⁵ ti⁶ çi⁵ çən¹ su³ van¹ tət⁷
直译： 四 第 四 辛 丑 日 吉
意译： 第四元四月辛丑日吉。

原文：

音标： ʔjət⁷ ti⁶ qeŋ¹ ji² van¹ tət⁷
直译： 乙 第 庚 寅 日 吉
意译： 第一元庚寅日吉。

水书

六十甲子卷

227

原文：　

音标：　sup⁸　ŋi⁶　ɕən¹　ma:u⁴　van¹　tət⁷

直译：　十　　二　　辛　　卯　　日　　吉

意译：　十二月辛卯日吉。

原文：　

音标：　sup⁸　ʔjət⁷　ɕən¹　ɕi⁴　van¹　tət⁷

直译：　十　　乙　　辛　　巳　　日　　吉

意译：　十一月辛巳日吉。

原文：　

音标：　tu³　pjeŋ³　ʔjət⁷　mi⁶　van¹　ʔɣa⁵　ta¹　ha:i²　ɕoŋ¹

直译：　九　　丙　　乙　　未　　日　　田　　产　　棺　　凶

意译：　九月丙未日、乙未日安葬，导致后世子孙守不住家业，变卖田产，凶。

原文：　

音标：　tu³　qeŋ¹　hət⁷　van¹　tət⁷

直译：　九　　庚　　戌　　日　　吉

意译：　九月庚戌日吉。

原文：　

音标：　ɕi⁵　tui⁵　ɣa:i³　van¹　tət⁷

直译：　四　　癸　　亥　　日　　吉

意译：　四月癸亥日吉。

原文：　

音标：　tsjeŋ¹　ȶi¹　ju⁴　van¹　tət⁷

直译：　正　　己　　酉　　日　　吉

意译：　正月己酉日吉。

篇章意译：

　　壬戌年九月庚午日吉，正月癸酉日吉，戌方、亥方，丑时、午时，吉。

　　第四元四月辛丑日吉。

　　第一元庚寅日吉。

　　十二月辛卯日吉。

　　十一月辛巳日吉。

　　九月丙未日、乙未日安葬，导致后世子孙守不住家业，变卖田产，凶。

　　九月庚戌日吉。

　　四月癸亥日吉。

　　正月己酉日吉。

乙亥年

原文:

音标: ʔjət⁷ ʁaːi³ mbe¹ sup⁸ ɲi⁶ ʨui⁵ maːu⁴ van¹ ʨət⁷

直译: 乙 亥 年 十 二 癸 卯 日 吉

意译: 乙亥年十二月癸卯日吉，

原文:

音标: mi⁶ sən¹ faːŋ¹ ŋo² mi⁶ si² maːu⁴ sən² si² ʨət⁷

直译: 未 申 方 午 未 时 卯 辰 时 吉

意译: 未方、申方，午时、未时、卯时、辰时，吉。

原文:

音标: çi⁵ ɲum² sən² van¹ ʨət⁷

直译: 四 壬 辰 日 吉

意译: 四月壬辰日吉。

原文:

音标: ɲi⁶ ti⁶ ʨi¹ mi⁶ van¹ ʨət⁷

直译: 二 第 己 未 日 吉

意译: 第二元己未日吉。

水书 六十甲子卷

原文：

音标：ȵi⁶　tɕi¹　ma:u⁴　van¹　ȵi⁶　ʔjət⁷　su³　van¹　ha:i²　ha:i²　ŋo⁴

直译：二　己　卯　日　二　乙　丑　日　棺　棺　五

意译：二月己卯日、乙丑日安葬犯重丧，主家要连续死五个人。

原文：

音标：ma:u⁴　sən²　fa:ŋ¹　sup⁸　tɕui⁵　ʔjət⁷　mi⁶　van¹　tɕət⁷

直译：卯　辰　方　十　癸　乙　未　日　吉

意译：十月癸未日、乙未日，卯方、辰方吉。

原文：

音标：ti⁶　çi⁵　tsjeŋ¹　ʔjət⁷　ma:u⁴　van¹　tɕət⁷

直译：第　四　正　乙　卯　日　吉

意译：第四元正月乙卯日吉。

原文：

音标：çət⁷　ti⁶　çət⁷　çən¹　ma:u⁴　van¹　tɕət⁷

直译：七　第　七　辛　卯　日　吉

意译：第七元七月辛卯日吉。

篇章意译：

　　乙亥年十二月癸卯日吉，未方、申方，午时、未时、卯时、辰时，吉。
四月壬辰日吉。

231

第二元己未日吉。

二月己卯日、乙丑日安葬犯重丧,主家要连续死五个人。

十月癸未日、乙未日,卯方、辰方吉。

第四元正月乙卯日吉。

第七元七月辛卯日吉。

丁亥年

原文：

音标： tjeŋ¹ ʁa:i³ mbe¹ çi⁵ ʈui⁵ ma:u⁴ van¹ ʈət⁷

直译： 丁 亥 年 四 癸 卯 日 吉

意译： 丁亥年四月癸卯日吉，

原文：

音标： ŋo² mi⁶ fa:ŋ¹ ma:u⁴ sən² ʁa:i³ si² ʈət⁷

直译： 午 未 方 卯 辰 亥 时 吉

意译： 午方、未方，卯时、辰时、亥时，吉。

原文：

音标： çi⁵ qeŋ¹ sən² van¹ ʈət⁷

直译： 四 庚 辰 日 吉

意译： 四月庚辰日吉。

原文：

音标： sup⁸ çən¹ mi⁶ van¹ ʈət⁷

直译： 十 辛 未 日 吉

意译： 十月辛未日吉。

水书 六十甲子卷

233

原文：

音标：　ŋo⁴　　ti¹　　ʁa:i³　van¹　tət⁷

直译：　五　　己　　亥　　日　　吉

意译：　五月己亥日吉。

原文：

音标：　sup⁸　ʔjət⁷　mi⁶　van¹　çi⁵　çən¹　ma:u⁴　van¹　tə⁶khup⁷　ha:i²　çoŋ¹

直译：　十　　乙　　未　　日　　四　　辛　　卯　　日　　蜈蚣伤　　棺　　凶

意译：　十月乙未日、四月辛卯日安葬，后世有人被蜈蚣伤，凶。

原文：

音标：　çi⁵　ti⁶　çət⁷　çən¹　ma:u⁴　van¹　tət⁷

直译：　四　第　七　辛　卯　日　吉

意译：　第四元七月辛卯日吉。

原文：

音标：　ljok⁸　ti⁶　ljok⁸　pjeŋ³　sən²　van¹　tət⁷

直译：　六　第　六　丙　辰　日　吉

意译：　第六元六月丙辰日吉。

篇章意译：

　　丁亥年四月癸卯日吉，午方、未方、卯时、辰时、亥时，吉。
　　四月庚辰日吉。

水书　六十甲子卷

234

十月辛未日吉。

五月己亥日吉。

十月乙未日、四月辛卯日安葬，后世有人被蜈蚣伤，凶。

第四元七月辛卯日吉。

第六元六月丙辰日吉。

己 亥 年

原文： [水书符号]

音标： ʑi¹　ʁaːi³　mbe¹　ti⁶　ʔjət⁷　mu⁶　sən²　van¹　tət⁷

直译： 己　亥　年　第　乙　戊　辰　日　吉

意译： 己亥年第一元戊辰日吉，

原文： [水书符号]

音标： maːu⁴　sən²　faːŋ¹　maːu⁴　sən²　si²　tət⁷

直译： 卯　辰　方　卯　辰　时　吉

意译： 卯方、辰方，卯时、辰时，吉。

原文： [水书符号]

音标： ŋo⁴　ti⁶　sup⁸　ʔjət⁷　mi⁶　van¹　tət⁷

直译： 五　第　十　乙　未　日　吉

意译： 第五元十月乙未日吉。

原文： [水书符号]

音标： ti⁶　çi⁵　ʑi¹　çi⁴　van¹　tət⁷

直译： 第　四　己　巳　日　吉

意译： 第四元己巳日吉。

水书 六十甲子卷

原文：

音标： tɯ³   ʨi¹   mi⁶   van¹   ha:i²   ha:i²   ku³   qon⁴   coŋ¹

直译： 九   己   未   日   棺   棺   "姑短"   凶

意译： 九月己未日"姑短"当值,安葬犯重丧,凶。

原文：

音标： ʦjeŋ¹   ʨui⁵   ju⁴   van¹   ʈət⁷

直译： 正   癸   酉   日   吉

意译： 正月癸酉日吉。

原文：

音标： çi⁵   ti⁶   çən¹   ma:u⁴   van¹   ʈət⁷

直译： 四   第   辛   卯   日   吉

意译： 第四元辛卯日吉。

原文：

音标： çi⁵   ʨui⁵   ʁa:i³   van¹   çən¹   ʁa:i³   van¹   ʈət⁷

直译： 四   癸   亥   日   辛   亥   日   吉

意译： 四月癸亥日、辛亥日吉。

原文：

音标： çət⁷   ʨui⁵   mi⁶   van¹   ʈət⁷

直译： 七   癸   未   日   吉

意译： 七月癸未日吉。

水书 六十甲子卷

原文：

音标：   tsjeŋ¹   ȶui⁵   ma:u⁴   van¹   ȶət⁷

直译：   正   癸   卯   日   吉

意译：   正月癸卯日吉。

篇章意译：

　　己亥年第一元戊辰日吉，卯方、辰方，卯时、辰时，吉。

　　第五元十月乙未日吉。

　　第四元己巳日吉。

　　九月己未日"姑短"当值，安葬犯重丧，凶。

　　正月癸酉日吉。

　　第四元辛卯日吉。

　　四月癸亥日、辛亥日吉。

　　七月癸未日吉。

　　正月癸卯日吉。

辛亥年

原文：　〔水书符号〕

音标：　çən¹　ʁaːi³　mbe¹　çət⁷　ʈui⁵　mi⁶　van¹　ʈət⁷

直译：　辛　　亥　　年　　七　　癸　　未　　日　　吉

意译：　辛亥年七月癸未日吉，

原文：　〔水书符号〕

音标：　ŋo²　mi⁶　faːŋ¹　mi⁶　sən²　si²　ʈət⁷

直译：　午　　未　　方　　未　　申　　时　　吉

意译：　午方、未方，未时、申时，吉。

原文：　〔水书符号〕

音标：　ȵi⁶　çi⁵　tjeŋ¹　ʁaːi³　van¹　ʈui⁵　ʁaːi³　van¹　ʈət⁷

直译：　二　　四　　丁　　亥　　日　　癸　　亥　　日　　吉

意译：　二月、四月丁亥日、癸亥日吉。

原文：　〔水书符号〕

音标：　ljok⁸　ȵum²　ji²　van¹　ʈət⁷

直译：　六　　壬　　寅　　日　　吉

意译：　六月壬寅日吉。

水书　六十甲子卷

239

原文：（图）

音标：sup⁸ çən¹ mi⁶ van¹ ȶət⁷

直译：十　辛　未　日　吉

意译：十月辛未日吉。

原文：（图）

音标：pa:t⁷ tjeŋ¹ su³ van¹ çət⁷ qen¹ sən² van¹ ŋo⁴hu³ ha:i² çoŋ¹

直译：八　丁　丑　日　七　庚　辰　日　"五虎"　棺　凶

意译：八月丁丑日、七月庚辰日"五虎"当值，安葬凶。

原文：（图）

音标：ma:u⁴ sən² fa:ŋ¹ ma:u⁴ sən² si²

直译：卯　辰　方　卯　辰　时

意译：卯方、辰方，卯时、辰时(吉)。

原文：（图）

音标：ti⁶ ljok⁸ tsjeŋ¹ ȶui⁵ ma:u⁴ van¹ ȶət⁷

直译：第　六　正　癸　卯　日　吉

意译：第六元正月癸卯日吉。

原文：（图）

音标：çət⁷ çən¹ ma:u⁴ van¹ ȶət⁷

直译：七　辛　卯　日　吉

意译：七月辛卯日吉。

水书　六十甲子卷

原文：

音标： sup⁸ ȵu³ ljok⁸ ȵui⁵ çi⁴ van¹ tət⁷

直译： 十 九 六 癸 巳 日 吉

意译： 十月、九月、六月癸巳日吉。

篇章意译：

辛亥年七月癸未日吉,午方、未方,未时、申时,吉。

二月、四月丁亥日、癸亥日吉。

六月壬寅日吉。

十月辛未日吉。

八月丁丑日、七月庚辰日"五虎"当值,安葬凶。

卯方、辰方,卯时、辰时(吉)。

第六元正月癸卯日吉。

七月辛卯日吉。

十月、九月、六月癸巳日吉。

癸亥年

原文:

音标: ʈui⁵ ʁa:i³ mbe¹ çən¹ mi⁶ van¹ ʈət⁷

直译: 癸 亥 年 辛 未 日 吉

意译: 癸亥年辛未日吉,

原文:

音标: mi⁶ fa:ŋ¹ çi⁵ su³ van¹ ʈət⁷

直译: 未 方 四 丑 日 吉

意译: 四月丑日,未方,吉。

原文:

音标: çət⁷ sup⁸ çən¹ mi⁶ van¹ ʈət⁷

直译: 七 十 辛 未 日 吉

意译: 七月、十月辛未日吉。

原文:

音标: pa:t⁷ ʔjət⁷ mi⁶ van¹ ʈət⁷

直译: 八 乙 未 日 吉

意译: 八月乙未日吉。

水书

六十甲子卷

原文：　

音标：　ljok⁸　çən¹　ma:u⁴　van¹　ha:i²　sat⁷sai¹　çət⁷　çoŋ¹

直译：　六　辛　卯　日　棺　"闪伤"　七　凶

意译：　六月辛卯日"闪伤"当值，此日安葬会导致多种是非发生，造成择日先生死亡，属凶日。

原文：　

音标：　ŋi⁶　çi⁵　çən¹　ʁa:i³　van¹　tɕət⁷

直译：　二　四　辛　亥　日　吉

意译：　二月、四月辛亥日吉。

原文：　

音标：　ti⁶　çi⁵　ʔjət⁷　su³　van¹　tɕət⁷

直译：　第　四　乙　丑　日　吉

意译：　第四元乙丑日吉。

原文：　

音标：　ti⁶　ŋi⁶　çən¹　mi⁶　van¹　tɕət⁷

直译：　第　二　辛　未　日　吉

意译：　第二元辛未日吉。

原文：　

音标：　ti⁶　ʔjət⁷　tɕi¹　ju⁴　van¹　tɕət⁷

直译：　第　乙　己　酉　日　吉

意译：　第一元己酉日吉。

水书　六十甲子卷

原文：　

音标：　çət⁷　çən¹　ma:u⁴　van¹　tət⁷

直译：　七　　辛　　卯　　日　　吉

意译：　七月辛卯日吉。

原文：　

音标：　ma:u⁴　sən²　si²　sən²　fa:ŋ¹

直译：　卯　　辰　　时　　辰　　方

意译：　卯时、辰时，辰方（吉）。

篇章意译：

　　癸亥年辛未日吉，四月丑日，未方，吉。

　　七月、十月辛未日吉。

　　八月乙未日吉。

　　六月辛卯日"闪伤"当值，此日安葬会导致多种是非发生，造成择日先生死亡，属凶日。

　　二月、四月辛亥日吉。

　　第四元乙丑日吉。

　　第二元辛未日吉。

　　第一元己酉日吉。

　　七月辛卯日吉。

　　卯时、辰时，辰方（吉）。